TÜRBAN

*Örtünmek-Tesettür
Nereden Nereye!*

Yazar

A. ÜMİT İRİŞ

Yayınevi

Yazardan Direkt – Turkey

Bu eserin bütün hakları saklıdır. Yayınevinden ve Yazardan izin almadan kısmen veya tamamen alıntı yapılamaz, hiçbir şekilde kopya edilemez, çoğaltılamaz ve yayımlanamaz.

ISBN: 978-605-9385-42-8

Baskı ve Cilt
Form Baskı Teknolojileri
Şerifali Mah. Şehit Sokak No: 16/1 Ümraniye/İstanbul
Tel: (0216) 337 37 96
Matbaa Sertifika No: 31613

Türban

Örtünmek Tesettür
Nereden Nereye!

A. Ümit İriş

Ne gördüğüm hakikati gizlemekten hoşlanırım ne de bunu açıkça ifade etmekten korkarım. Aydınlık ve karanlık arasındaki, bilim ve cehalet arasındaki savaşa her yerde katıldım. Bundan dolayı her yerde zorlukla karşılaştım ve cehaletin babaları olan resmi akademisyenlerin yanı sıra kalın kafalı çoğunluğun öfkesinde hep hedef olarak yaşadım.

Giordano Bruno
D: 1548- Ö: 17 Şubat 1600 (yakılarak)

Dört kurbağa, nehrin kıyısında yüzen bir kütüğün üstüne oturmuşlardı. Kütük birden akıntıya kapıldı ve yavaşça nehrin aşağısına doğru sürüklenmeye başladı. Kurbağalar memnundular ve meraklanmışlardı, çünkü daha önce hiç gemi yolculuğu yapmamışlardı.

Bir süre sonra birinci kurbağa konuştu ve dedi ki, "Bu gerçekten harika bir kütük. Sanki canlıymış gibi hareket ediyor. Daha önce hiç böyle kütük görülmemiştir."

Sonra ikinci kurbağa konuştu ve dedi ki, "Yo, dostum, kütük, diğer kütükler gibi ve hareket etmiyor. Hareket eden nehir; nehir denize doğru koşuyor ve bizi de kütükle birlikte sürüklüyor."

Ve üçüncü kurbağa konuşup dedi ki, "Ne kütük ne de nehir hareket ediyor. Hareket eden bizim düşüncelerimiz. Çünkü düşünce olmadan hiçbir şey hareket etmez."

Ve üç kurbağa aslında neyin hareket ettiği konusunda çekişmeye başladılar. Kavga giderek hararetlendi ve gürültü arttı, ama bir türlü anlaşmaya varamadılar.

Bunun üzerine o zamana kadar sessiz kalıp dikkatle dinleyen dördüncü kurbağaya döndüler ve onun fikrini sordular. Ve dördüncü kurbağa dedi ki, "Her biriniz haklısınız ve hiçbiriniz hatalı değilsiniz. Kütük, su ve düşüncelerimiz, hepsi hareket ediyor."

Ve üç kurbağa çok sinirlendiler; çünkü hiçbiri kendisinin tamamen haklı ve diğer ikisinin tamamen haksız olduğu fikrinden vazgeçmeye yanaşmıyordu.

Sonra garip bir şey oldu. Üç kurbağa birleşip, dördüncü kurbağayı kütüğün üstünden nehre ittiler.[1]

---

[1] *Haberci*, Halil Cibran, Araf yayınları (2012)

İÇİNDEKİLER

Analiz yöntemi 2
Sembolik nedir 5
Gerçek ile hakikatin farkı 8
İdeal ve ülkülerin, gerçek ve hakikatten farkı 12
Türban, en çok bilinen üç dinden daha eskidir 12
Hayır, uğur, hiero, hurri kavramları arasındaki ilinti 13
Türkçe ve Türklük Orta Asya'dan gelmedi 14
Hattia ◇[2] Asya… Taurean / Boğaç ◇ Turan 15
Ethym, isim ve hakikat aynı anlama gelir 20
Türban ne demektir? 23
Ezoterik ◇ öz ne anlama gelir? 24
İnanç ve iman kavramlarının içeriği farklıdır 25
Düşünüyorum, demek ki ben benim 25
Teb'a ve halk kavramlarının farkları 26
"Müslümanlık" "tesliman'lık" değildir 27
Ishtar (İştar) ve Star kavramlarına giriş 31
Tanrı kadın mı erkek mi savaşları 37
Kronos yani zaman, çocuklarını yer 38
Kadın ve erkek teslisleri 40
Padişah, ışığın çocuğu anlamına gelir, ◇ Pudu Ma ◇ Fatma ile ilintileri 43
Memat ve Damat kavramlarının tefriki 44
Bilim ve İrfan kavramları arasındaki fark. 46
Kendini tanıma sonucunda yapmama ve emire riayetle yapmamanın farkı 51
Tammuz ◇ domuz ◇ temmuz 52
Edep 53
Okunması tavsiye edilen kitaplar ve tefekkür yöntemi ... 54

---

[2] <> İşaretini "bu budur" = Eşittir dememek ama aralarında pek çok sembolik karşılıklı ilinti ve iletişim ve korelasyon, dinamik bir idrak uyandırıcı etki vardır diyebilmek için kullanıyorum.

Tevrat ◇ töre	57
Eylül ◇ Yel ◇ Leyla ◇ Galat	58
Örf Grekçe- Töre İbranice, Öncesi Türkçe	60
Hıdırellez	63
Saçlı Iştar> Mecaz ◇ Medusa	64
Din	65
Bog ◇ Buğ ◇ Big	70
Hur ◇ Hurma ◇ Üzüm	73
Türban, ne zaman türban oldu?	77
Ses'çilerin Işık'çıların arasındaki savaşlar	82
Yunanistan Greece değildir, Hellas yani Helenistan da Yunanistan Değildir	82
Put	83
Lug ◇ Lah	84
Zühre ◇ Zührevî	88
Karı mı? Eş mi? Hanım mı?	93
Üç Sütun	94
Güneş Kültü	97
Doğal Paradoksal Çelişkilerimiz	101
Lekesiz Meryem	103
"Lökosit"ten Silifke'ye	103
Tanrının Oğlu ve Yeryüzü Kralı	104
Halife Tanrı'nın mirasçısı demektir	108
Evrensel Boğa	110
Kadeş ◇ Kudüs	111
Museviliğin oluşumunun temeli	113
Yahudi, İsrael, Musevî ve İbrani arasındaki farklar	114
Musa ◇ Ra Musa (Ramses)	118
İbrahim'in evrensel açılımları	119
Cudî – Gutîler	124
Boğa ve keçi karşılaştırması	125
Jacques ve Yah ◇ Çük	126
Etnik aslında nedir?	128
Yunan ve Grek Farklılıkları	129

Freya ◇ Füreya ◇ Frigya 135
Nemesis ◇ Namus 138
İsa ve Meryem öncesindeki "İsa Meryem"ler 140
Ana Oğul'un Papa'sı; Baba Oğul'un ökümenik patriği 141
Tesettür 148
Cuma 148
Teyze ve dayının kökeni 150
Türban ve Athena ilişkisi 151
Ergenekon aslında Urgon Agon'dan gelir 152
Ferikli ◇ Perikles 154
Dikkat! Iliada'da demirden bahsedilmiyor 155
Isparta, Burdur, Truva 156
Anadolu'nun Helen kültür kolonileşmesi MÖ 500 ve
sonrasındadır; öncesinde değil 157
Başı göğe erdirme 158
Üç aşama 164
Erkekleşen Anaerkil dönem ritüelleri 177
Templier'lerce idrakin Avrupa'ya taşınması 179
Nut ve Geb ◇ Cebrail 185
İnsan, yeryüzü ve Yüce Yaradan arasında bir aracıdır 187
Abdal ◇ Ptah ◇ Fetih 189
Hicab, burka, nikab, şal, çarşaf arasındaki farklar 192
Ümmîlik 197
La İlahe 199
Gülün adı 200
Ay Yıldız 201
Takvim ve plan 202
Ek 1 Etimo- Sembolik 205
Ek 2 Bilmek, tanımak, ilim, irfan aynı şeyler değildir 221
Kaynakça 226

YAZARIN ÖNSÖZÜ

Sevgili dostlar, bu kitapla, "kütükten" atılacağımı bile bile, ama öte yandan belki de atılmama olasılığı ve insanların nezdinde işe yarama ümidimi de yitirmeyerek, bilgi, bulgu ve edindiğim tefrikler[3] ve zamanla edinmiş olduğum idraklerimi[4] sizlerle paylaşmak istedim.

İnsanlar, akılları, güçleri ve güzellikleri, aralarındaki ilintiler açısından birbirlerinden bağımsız ve ayrı gibi dursalar da onları, bir sacayağı gibi düşünerek aralarında kavga ettirmeden beraberce kullanabilme becerisini toplumca kazanabileceğimizi umuyorum.

Aksi takdirde hem Ahmet Altan tarafından hem de dünyanın ünlü gazeteleri Le *Monde* ve *Stern*'de ileri sürüldüğü gibi, III. Dünya Savaşı'nı başlatacak ülkenin Türkiye olacağını, üstelik bu savaşı tahrik edecek unsurların, ne yazık ki bizim, yani kendine aydın diyen eğitimli insanların elinden çıkacağını öngörebiliyorum; umarım yanılıyorumdur.

---

[3] Tefrik: Birbirinden ayırmak, ayırdına varmak, seçmek diyor sözlükler; ama tefrik kesinlikle birbirinden ayırmak (*separation*) şeklinde anlaşılmamalı. Amacım, tam aksine iki veya daha çok şeyin birbirleri ile olan (hatta birbirlerini tamamlayıcı olabilecek) farklılıklarını idrak etmek şeklinde anlaşılmalı (Batı Lisanlarındaki *distinction* 'da olduğu gibi.) Örneğin Kutsal Kitap tercümeleri, "Tanrı ışığı karanlıklardan ayırdı" – *separated* şeklindedir (İngilizcesi ve Fransızcası vb bile) oysa orijinal İbranice kelime tam *distinguish* – tefrik anlamındaki EBDEL'dir. Bu kavram da bizim insiyatik literatürdeki ABDAL'lığa kadar uzanacaktır sonradan. (Tarot'un ilk "Deli" denilen ama aslında ABDAL denmesi daha doğru olacak olan kartının sembolığinde de olduğu gibi.)

[4] İdrak: Anlayış, kavrayış da Batı Lisanlarındaki *Recognition* karşılığı olarak kullanılıyor. İdrak etmek, müdrikliğin yanı sıra, o idrak edileni artık kullanma becerisini de kazandırır. Kısaca, *knowledge* değil *recognition*. İdrak kelimesini *Science* kavramı olarak değil *connaissance* için, ilim değil, irfana yükselme basamağı olarak anlaşılması amacıyla kullanıyorum.

Amacım; bu kitabın sadece bilim dünyasına ve aydınlara hitap etmesi değil; her kesimden halk çoğunluğuna ulaşıp anlaşılmasını sağlayabilmektir.

Bu yüzden gerek dinci gerek milliyetçi, ulusalcı gerekse de laik vb. her kategoride "inançlı" pek çok kimse olduğundan, azami ölçüde polemikten kaçınma ve sunduğum delillerle, yazdıklarımın üzerinde düşündürebilme, daha da doğrusu tefekkür[5] ettirebilme çabası taşıyorum. Gözlemlerime göre ve tarihin de defalarca ispat ettiği gibi, inançlara karşı polemiğe girmenin kimseyi idrake yöneltebilme konusunda başarı şansı yok.

***

Bu çalışmayı yaparken daha ziyade Sembolik disiplinini idrak ederek günlük yaşamına geçirebilmiş sayıca çok az kişinin kısmî olarak denediği bir tarih analiz yöntemini uygulamayı tercih ettim. Eski ve yeni kültürün, antik çağ dilleri ile günümüz dillerinin tarihsel, sessel dil orkestrasyonunu[6] yapmaya çalıştım. Eski ve yeni derken, Batı dünyası ve akademik ortam Antik deyince MÖ 500 den daha yenisini anlıyor. MÖ 500 öncesini Antik öncesi olarak tanımlıyorlar. Oysa günümüzün idrakinin anahtarları MÖ 12.000-500 arasında gizli diyebiliriz. Kültür de dil de dolayısıyla aynı kategoride. Bir anlamda Eski MÖ 12.000-MÖ 500 arası; Antik ve yeni ise MÖ 500-Günümüz arası olarak anlaşılmalı

---

[5] Tefekkür: 2 no.lu dipnotta belirtilen tefrike ulaşmak için yaşanılan süreç.

[6] Orkestrasyon: Bu kelimeyi tek sesli melodi olarak birebir ele alışlar şeklinde değil, her bir katkının ayrı ayrı tefrik edileceği, ama bütün içinde de ayırdına varılabilecek katman zenginliği ve beraber kullanılmaları olarak ele aldım. Bunu hem dil hem kültür hem siyasal, kısaca sosyo-psiko-historiko-linguistico-morfolojiko-etnografiko-arkeolojiko-mitolojiko-retoriko vb. logos'ların beraberce kullanılması ve sunulması olarak ifade etmek istedim.

Bu arada tabii aralarındaki kopuk görünen ve ilgisiz zannedilen bağları tekrar tesis etme çalışmalarının disiplininin de ilk adımlarını atmaya, kurallarını oturtmaya ve uygulamaya çalıştım.

Elinizdeki bu kitap, güncel ve "idrak edemediğimiz biçimiyle" kadim bir sorunu, tarihsel, bol resimli, kronolojik sıraya konmuş arkeolojik buluntu örnekleriyle de destekleyerek sessel, dilsel bir yöntem ile de ele alır bir biçimde yazıldı.

Amacım, hepimizi tarihin gizemli labirentlerine götürmek. Hatırlamayı unutturulduğumuz, hatta kendi kendimize farkında olmadan unutturduğumuz, algılamada güçlük çektiğimiz, idrak ettiğimizde de bazılarımızın zor kabullenebileceği ya da hiç kabullenmek istemeyeceği, ama aslında yegâne gerçeğimiz olan bir geçmişe yol almak.

Biliyorsunuzdur, en eski çağlardan beri, olgunlaşma yoluna veya hayatın anlamını aramaya kendini vakfeden "kahramanlar" her şeyden önce "kendi derinliklerinin içine inmek" olarak meallendirilen;

Cehenneme İnmek: Ishtar, Orpheus, Dante vs. gibi.

Labirentlere, dehlizlere dalmak ve canavarlarla boğuşmak:
Theseus, Herkül vd. gibi.

Ağaç kovuklarına, mağara diplerine inmek ve orada mesajlar almak:
Hz. Muhammed gibi.

Mezara girmek, bir çeşit ölmek ve sonra yüzeye dönüp yücelmek:
Hz. İsa gibi.

İnzivaya, tefekküre çekilmek: Çeşitli aziz hikâyelerinden ve rahiplerden, tasavvuf ehlinden ve çeşitli inisiyatik[7] ritüellerden de bildiğimiz gibi olaylar yaşamışlardır.

Bu olgular ve aktarılan hikâyelerin mealleri; bir şekilde, kendi geçmişinin yapısını, hata kusur ve eksiklerini, kendi kendinde tespit ve bunlardan; bilinç ve idrakle mütenebbih[8] olarak insanlar arasındaki faaliyetlerinde, yeniden doğmuş gibi davranabilmenin anahtarı olarak da tarif edilmiştir. 'Yeniden doğmuş gibi davranabilmek,' sizlere ilk bakışta anlaşılmaz gelebilir. İnsan inisiyatik yolda, yani minotoru ile her karşılaştığında, kendini her tanıdığında, sembolik olarak ölür ve kendiliğinden yeniden doğarak yeni ve daha geniş çaplı bir yolda, yeniden idrak ve irfan bütünü gelişmiş bir benlikle yürümeye başlar.

Geçmişe ve kendi geçmişine dönmek yapıcıdır, her zaman yolumuzu aydınlatır. Ve elbette ne kadar güç olsa da "kendimiz" olan kendimizde, rahatsız olup, içimize gömdüğümüz, bilip de duymak istemediğimiz, ama orada hep duran gene "biz" olan kendimizle beraber, ilerleyebilmek ve arzulanan "benlik yüceltme ve idrak seviyesine ulaşmak için korkusuzca atılmamız da gereken bir süreçtir bu. Kendi kendine aydınlanmanın, imana ve irfana erişebilmenin sürekli tekrar eden yolu da denilen inisiyatik yolun olmazsa olmaz ve de sürekli tekrarlanan bir başlangıç etabı da diyebiliriz bu sürece.

Kişisel ya da toplumsal, geçmişten gelen bilgi ve olguların tekrar tezahürü halinde, pek tabii ki bu bilgi ve olgulara, bugünkü

---

[7] İnisiyatik: Güncel Türkçeye eriştirilme ya da erginleştirme olarak tercüme ediliyor, ancak bazı kelimeler bence çevrilmeden kullanılmalı. İnisiyasyon, bir tefrikler ve idrakler serisi ile irfana ulaşmaya yönelinen yola başlama anlamında kullanılan bir kelime. Ritüel de uygulama kılavuzu diyebileceğimiz gene çevrilmeden Türkçede de kullanılmasında yarar olan bir kelime kanımca. Namaz kılavuzu –Namaz ritüeli, İnisiyasyon kılavuzu- inisiyasyon ritüelleri gibi.

[8] Mütenebbih: ders almış, kendi kendini tembihlemiş anlamında. Burada önemli olan bu tembihin kişinin kendi içinden gelmesi, dışarıdan ona ders gibi verilmiş olmamasında. Kendi tefrik ve idrakı neticesinde oluşabilecek bir öztembih de diyebiliriz.

bilgilerimizi eklemek, yapılacak analizin sonucunun, "hakikate" ve bu hakikatin idrakine ulaşmamıza katkısı yadsınamaz bir gerçektir.

Bu yüzden kitapta, pek çok teorik bilgiye de rastlayacaksınız. Ancak yazdıklarım sadece teorik bilgiden ibaret değil kuşkusuz, bu nedenle kitabı okurken sıkılacaklarını düşünenleri uyarmak isterim: Lütfen yazdıklarımı, yavaş yavaş, sindire sindire, geçmişle ilgili eksikliklerimizin inhibisyonuna[9] dalarak boğulmadan, yılmadan, ilerlemeye çalışmalarını rica ederim.

Kitabın sonuna ek olarak, çalışırken önemli bir ölçüde kullandığım "etimo-sembolik[10]"le çalışma tarzının kurallarını açıklamaya çalıştığım bir bölüm de ekledim.

Dilerim toplumumuz, genellikle olageldiği gibi, "kahramanların" arkasından, onların yaptıklarının sanki sadece korunmaya ihtiyacı varmış da üzerine bir şey eklemek gereksizmiş gibi eğilim içinde davranmayı sürdürmez. Yani, yazdıklarım burada kalmaz!

Dileyenler, bayrağı bıraktığım yerden devralır ve daha ileri taşır, koyduğum taşın üstüne, beni de gömecek ve geride bıraktıracak yeni taşlar koyar; idrak ağacının dallarını, yapraklarını çoğaltır.

İyi okumalar ve hayırlı tefekkürler[11] dilerim.

A. Ümit İriş

---

[9] İnhibisyon: ketvurmak, önlemek, daraltmak, içe kapatmak

[10] Etimo-sembolik: Bkz. etimosembolik eki

[11] Tefekkür: Bkz. dipnot 2 ve 4. Güncel ama maalesef eksikleşmiş Türkçe ile üzerinde düşünme de diyebiliriz.

1995 yazında başladı bu kitap...

Yirmi küsur senedir Kekova'da geçer yazlarım. Tabii oğlum Doruk da okul tatillerinde yanımda olur bu dönemlerde. Gündüzleri ufak teknemizle denize, adalar ve Likya harabelerinin arasına açılır, denize girer, yemeğimizi yapar sonra da güzel konuşmalar karşılıklı tefrikler yaparız.

Bir gün, yemek sonrası uzanmış dinlenirken, yetişme çağındaki oğlum, bana bir soru sordu ve sanırım bu kitap da o soruyla başladı:

"Baba; bu günlerde kafamı kurcalayan bir şey var: Türban takılması veya ona karşı çıkılması. Neden bu olay bu kadar büyütülüyor? Neden insanlar birbirlerini özgür bırakmıyor?"

"Canım, çok iyi, ama çok zor bir soru sordun ve buna 'tek bir cevap' vermek, idraklerim gereğince mümkün değil. İstersen bunu açalım biraz. Derinlemesine bir tarih analizine girmek ve bu analizi sonra günümüze getirmek hoşuna gider mi? Bu iş tabii bir güne sığmaz, ama keyif alırsan, her gün biraz biraz konuşuruz, ne dersin?" dedim.

"Anlaşıldı baba, senin gene yaşam ve tarihin doğru anlaşılması koçluğu tarafın tutacak, ama olsun dayandığım kadar dayanırım, kafamın şiştiği yerde bırakırız tamam mı? Ya da senin her söylediğini kabul etmeden önce, ben de araştırıp bir sağlama yapmak üzere zaman isteyebilirim," diyerek biraz müstehzi bir şekilde güldü. Ne de olsa söz konusu olan, geçmiş ve kısmen unutulmuş, üstü doğal olarak örtülmüş tarihin analizi ve günümüze etkileri olduğunda, çenemin ne zor kapandığını o yaşına kadar çoktan gözlemiş ve öğrenmişti.

Dedim ki: "Hayatım, söylediğin gibi bugünlerdeki en gündemdeki konulardan biri türban-baş örtüsü vs., adına ne denirse densin din, hatta Müslümanlık adına türban tartışması yaratılması ya da siyasi yaklaşımla da olsa, hak ve özgürlükler çerçevesinde mütalâa edilmesi istenen kapanma-örtünme olgusu karşısındaki laiklik, Atatürkçülük, yaptığı devrimlerin korunması, sürdürülmesi ve medenî olma adına, 'türban'a karşı çıkma ve engelleme çabaları... İstersen sana bu konuyu biraz analiz etmeye çalışayım:

* Geçmişini bilmeyi sadece çok yakın tarihlere endekslemeyi marifet sayan cahiller, daha doğrusu idraksizleri;

* Bunun sonucunda hem eski hatalarından kendilerini arındırabileceklerini, 'Onları yapanlar ben değildim,' diyerek vicdanlarını temizleyebileceklerini zannedenleri, kendilerini kandırmayı kalıtımsal olarak alışkanlık edinmiş olanları;

* Kendilerine, gerçek dışı yapay tarihler uydurup, habire yeni milatlar oluşturup beyin yıkayanları ve geçmişini örtbas ederek, o geçmişi kendilerinden saymayanları;

* Kendilerine kendileri düşman olmayı âdet edinenleri ve bu âdeti günümüzde ve toplum içinde sürdürenleri.

* Dolayısıyla kendimizi bütünlüklü tanıma konusundaki 'cehaletimizi ve idrak araçlarından yoksunluğumuzu' baştan kabul ederek, başlayalım bu analize oğlum.

"Bu söylediklerin çok iddialı şeyler değil mi baba?"

"Evet öyle göründüğünü biliyorum oğlum, cahillikle daha doğrusu kendimizi idraksizleştirmelerle, bu 'dışladığımız gerçeklerde' gizlenmiş gömülü olan ve üzerlerini örttüğümüz geleneksel bilgelik, irfan öğretisini ve bunların ezoterik kademelerini; bir kez daha geçmişimize, yani unuttuğumuz, unutmak istediğimiz labirentimizin derinliklerine inerek, hep beraber kendimizi, kendi içimizdeki bizi de sürekli yiyen ve gelişmemizi engelleyen minotor'umuzu öldürebilerek, kendi 'nur'umuza, yani kendi hakikatimizin ışığına kavuşturalım ve konunun özünü, idrak edebileceğimiz bir yöntem izleyelim diye söyledim bunları."

"Minotor ne demek baba?"

"Mitolojide Girit'te Kral Minos'un sarayında içinden çıkılamaz bir labirentte yaşayan başı boğa, vücudu insan, bir canavar. Her yıl 40 genç oğlan ve 40 genç kız yiyor. Theseus adlı bir kahraman kralın kızı Arian'ın verdiği iple bu labirentte kaybolmadan en derinlere iniyor, onunla karşılaşıyor ve onu öldürüp labirentten çıkıyor. İnisiyatik açıdan ise Minotor, kendi derinliklerimizde kendimizde sevmediğimiz ama onları bilinçaltımıza gömerek unuttuğumuzu sandığımız ama gün ışığına çıkaramadığımız için, güncel davranışlarımızda varlıklarını her zaman hissettiren ve bizi bir seri yanlış hatta kötü davranış ve kararlara sürükleyen içgüdülerimiz, bilinçaltı dürtülerimiz olarak idrak ettiriliyor. Tabii öldürmek de burada gerçek anlamda öldürmek değil. Onların farkına vardığımızda ve kendimizde tanıdığımızda zaten artık yıkıcı etkilerini de ortadan kaldırmış oluyoruz. Yani Minotor kendiliğinden ölüyor, Kendini tanıyan insan kendi Nur'una biraz daha yaklaşıyor."

"Zor bir işler bunlar; ama keyifli tabii!.. Bu yöntemi hatırlamak için defalarca tekrarlayıp öyle düşünmek lazım. Bakalım gene beni, yüzde yüz bildiğimi zannettiğim mutlak şeylerde ve oturmuş doğrularımda kaç kere daha yenecek, sonra da sarsacaksın?" dedi Doruk.

"Gülümseyerek, sevgiyle baktım, beni ilgiyle dinleyen oğluma."

Ertesi gün, kahvaltımızı ettikten sonra, kendimizi tıpkı tarih gibi sonsuz derinlikteki masmavi denize attık. Çıkıp kurulandık, giyindik Sonra Doruk, "Hadi devam edelim," baba, deyince, hep yanımda taşıdığım bilgisayarımdan arkeolojik resimler klasörünü açtım:

"Bak Doruk'cuğum, bu fotoğraf, MÖ 200, yani; değil Müslümanlık, Hristiyanlığın bile olmadığı bir çağdan kalma; 'Takke ve Türbanlı' bir çift, yan yana sanki namaz kılıyor diyebileceğimiz bir duruştalar. İstanbul Arkeoloji Müzesi'nde gidip görebilirsin istersen."

"Peki baba bu sonuçlara nasıl ulaştın, yani bunların takke ve türban olduğunu veya namaz kıldıklarını nerden biliyorsun?"

Görüntü ile mevcut güncel oluşumlar arasında karşılıklı iletişimler kurarak tabii dedim. Dolayısıyla neticede de fotoğrafı zaman içi bir film şeridine dönüştürücü bir tefekkür silsilesini de başlatmış oluyorum. "Bu evrim süreç ilintisini nasıl oluşturduğumun ayrıntılarını aşağıda delilleri ve kronolojik süreci ile bir film şeridi gibi adım adım sana anlatacağım oğlum: Yaptığım araştırmalar sonucunda, kanaatim o dur ki; 'türban', 'baş bağlama', 'örtünme' konusu, arzu ve isteği, bu toplumda bitmez… Türkiye toplumunu, Los Angeles ya da Texas'ın, sermaye zenginliğine de ya da İsveç'in sosyal ve ekonomik düzeyine, Paris'in var olduğu varsayılan entelektüel kültür seviyesine de çıkarsak gene de bitmez…

Bunun nedenini 'idrak' edebilmek için insanlığın düşünce gelişim evrimi inşaatına önemli psikolojik aydınlanmalar eklemiş olan Carl Gustav Jung'un 'arketipler' ve güncel yaşama etkileri teorisini biraz hatırlamakta yarar var.

" Evet baba Jung'u biraz biliyorum, önceleri Freud'un öğrencisiymiş, ama sonra görüşleri farklılaşınca birlikte çalışmaktan vazgeçmişler değil mi?"

"Evet, öyle olmuş. Şimdi yine konumuza dönersek, ben bunu: biraz da Asimov'un, "Psiko Tarih"[12] fikrî ile birleştirerek 'Sosyo-

---

[12] Ünlü bilim-kurgu yazarı Isaac Asimov, psiko-tarih adıyla yeni bir disiplin geliştirmiştir. Bu disiplin iki temel önermeden yola çıkar: ilki, kalabalık toplumların davranışları modellenebilir; diğeri ise, toplum bu modellemenin sonuçlarını bilmezse, o toplumun gelecekteki geliştireceği davranışlarının biçimleri yani psiko-tarihi öngörülebilir. Bu psiko-tarih'in bilinçaltı çözümünü ve idrakini de o toplumun geçmiş tarihi ile sembolik disiplinin kuralları mucibince ilinti kurma çalışmaları sağlar.

psikolojik bilinçaltı' diye anmayı ve konuya 'insan bütün ve temeline öz' açıdan bakarak; sıfat olarak değil, ama dinamik, mekanik vb. gibi isim olarak kullandığım 'sembolik sanatının yani sembolığın' de kurallarını uygulayarak, evrensel semboliğin araç ve avadanlıkları olarak, 'her şeyi bir sembol' farz ederek analiz etmeyi ve konunun; çok geniş olduğunu gözlediğim küresel dairesinin öğelerinin, sonsuz sayıdaki çaplarının, sayıca becerebileceğim kadarının açısından bakarak irdelemeyi tercih ettim." Ve doğal olarak her çap çizgisinin iki ucunda karşılaşabileceğimiz zıtlıkları tespit ettikten sonra, bunlardan hareketle konunun öyle veya böyle 'insanî idrak kapasitemiz' gereği, her zaman eksik kalacak vahdetine açılımı başlatan ve doğuran orta noktasına ulaşmayı becerebilme yönünde çalışmayı hedefledim.

"Üffff baba, bu açıklamayı sindirmem için bunu bana maille yazılı olarak at bari de defalarca okuyup sindirmeye ve özümsemeye çalışayım, haa bu arada, semboliğin isim olarak kullanılmasını da anlatıver lütfen," dedi ve kafası dolu olarak yine mavi dinginliklere atladı gitti.

Onun bana muhtemelen espri olarak söylediği şeyi yaptım ve ona bir mail attım:

"Önce, sembolik sanatı, birbiri ile görünür görünmez ilintili pek çok şeyi; sembol olarak, sembolün işlevleriyle birlikte ele aldığımızda bize verdiği mesajların tümünün irdelenmesinin sanatı – tefekkür etme yöntemi anlamındadır," diye başladım maile. Sonra, "Bunu İslamiyet'teki ilim ve felsefenin bir üst düzeyi olan; ilim düzeyiyle yetinmek yerine, bu düzeydeki edinilmiş bilgilere dayanarak, onların üstünde yükselerek kişinin kendisini irfana, arifliğe taşıyan bir süreç ve disiplin olan Kelâm; ya da İlm-ü kelâm disiplini karşılığında da kullanabiliriz oğlum," diye sürdürdüm.

Bir an, maviliklere dalıp çıkan oğluma bakarak, şimdilik yazmayı burada bıraksam mı diye düşündüm; ama devam etmeye karar verdim, nasılsa ne zaman isterse okuyabilirdi, ama bütünlük ve okuduğunu sindirebilmek önemliydi:

"Doğal zıtlıkları haybeye birbirleriyle savaştırma yolunu tercih ederek, sosyal bütünlüğü ve sosyal barışı yok eden kaçınılmaz bir sevgi yoksunluğunun inşasına çalışmaktansa, taraflardan hiçbirinin tarafını tutmadan, ikisini de överek, ama aynı anda ikisini de yerden yere, kimseyi gocundurmaya yol açmadan vurarak, her birine aslında 'nerden geldiklerini' 'ne olduklarını' ve 'ne yaptıklarını', neticesinde de, 'nereye gittiklerini' ve göz önündeki bu zıtlıkların, çelişkilerin vahdetlerini yani birlikte bütünlüklerini, tek bir Bir'in parçaları olduklarını kendilerine idrak ettirmek gereklidir diye düşündüm. Sonunda Halil Cibran'ın baştaki hikâyesindeki dördüncü kurbağa gibi diğerlerince dışlanacak olsam bile...

Elbette, tüm insanlarda olduğu gibi, her an hata ve kusur yapabilir, bir şeyleri eksik bırakabilirim. Tam ve mutlak kusursuzluk tabii ki insana değil, Yüce Yaradan'a ait. Tam ve kusursuz insan sadece ideallerde, ülkülerde olur, daha doğrusu olunabilinir sanılır. Gerçek ve hakikatte ise durum öyle değildir.

Malûm, Freud'un iddia ettiği gibi, kendimizi en zor tanıyacağımız, hatta bütünüyle tanıyamayacağımızın yanı sıra, tanımaktan da kaçındığımız, korktuğumuz yerin bulunduğu ruh ve benlik katmanımız, 'bilinçaltımız,'dır." diye bitirdim mailimi.

***

O gece eve gitmedik, baba- oğul teknemizde kaldık. Ertesi sabah uyandığımda gece, ona yolladığım maili okurken bırakıp yatmaya gittiğim oğlumu, sabah benden önce kalkmış, güvertede uzanmış, hâlâ yazdıklarımı okumaya devam ederken buldum, beni görünce kalkıp oturdu ve dedi ki:

"Baba, sence 'gerçek'le 'hakikat'in arasındaki fark ne? Okuduktan sonra düşündüm de sanki biraz daha geniş bir açıklamaya ihtiyacım var."

"Doruk çıldırdın mı sabah sabah! Gel önce bir kahvaltımızı edelim, sonra kendimize güzel bir kahve yapalım, oturup konuşuruz, hadi kalk da bana yardım et."

Kahvelerimizi getirdim, oğlumun büyümeye başlaması, onunla böyle sohbet edebilmek, dinlemeye olan hevesi çok hoşuma gidiyordu. Ortalığı saran mis gibi kahve kokusuyla beraber anlatmaya başladım:

"Gerçek: Evrendeki farkına varılıp idrak edilmiş ya da henüz edilmemiş, Yüce Yaradan yaratımı olan her şey. Reel, realite; objektif ve somut kavramlarının karşıtı olan bir söz/kavram/semboldür. Zaten Batı dillerindeki karşılığı olan *re-el* içinde de kral–reis; re ilah <> Tanrısal isim/sıfat kavramını açıkça görüyoruz" dedim ve devam ettim:

"Hakikat ise, gerçeklerin kişideki algılanmış, kişinin nev-i şahsına münhasır, yani göreceli olarak sadece o kişiye mahsus algılanma neticesinde idrak edilip kişinin benliğinde özümsenmiş, o kişide tezahür eden haline verilen ad/kavram/semboldür. Verite-hakikat sübjektiftir, hem somut hem de soyut kavram algılarını içerir," derken Doruk araya girdi:

"Çok ilginç ve açık, ama çoğu kimse hakikat kavramını daha Tanrısal zannediyor gibi geliyor bana."

"Evet, bu da gene tefrik sapması bir olgu. Gel, 'bu budur,' demeden analiz edelim," diyerek sordum, "Sence hakikat kelimesinin kökünde ne var?"

Güldü, "Çelişkiye düşmedin mi baba? Tabii ki Hak var ve o da Tanrı değil mi?"

"Dur acele etme, Hak ne demek?"

"Söyledim ya Tanrı."

"Başka?"

Öyle deyince durdu ve "Ne başkası?" diye de sorarak biraz diklendi.

"Sakin ol, kızacak bir şey yok. Sadece sence Hak, başka ne demek olabilir, diye bir düşünmeni istedim,"dedim...

Doruk sessiz kalınca devam ettim:

"Peki, Hak'tan hakikate son ekleri ayrıştırma yöntemiyle didikleyerek gelmeye çalışalım belki Hak'ın diğer anlamını daha kolay bulabiliriz," diyerek onu biraz daha tefekküre ittim: "İlk son ek Hak-ik görünüyor peki bu ne demek?"

"Hak gibi olan ya da hak-sal anlamında bir kavram. Hakikat da bu kavramların çoğulu oluyor değil mi?" dedi.

"Doğru, ama ilk son ekteki "k" sesini kaldırırsak yani Hakîk'in "k" sını kaldırırsak Hak-î ne olur?"

"O da Hak'a ait olan gibi bir şey, dedi."

"Peki, bunu hâkî olarak ayırımsız yazdığımızda ne demek?" dedim.

Birden kafasında bir şeyler dank etmeye başladı, bunu gözlerindeki parıltıdan anladım. Yavaş yavaş ve temkinle, "Toprak rengi," dedi.

"Evet..." dedim, "bu durumda hak ne olur?" diye sorduğumda da hemen cevapladı:

"Toprak."

"Öyleyse, 'Tanrı, sadece topraktır,' diyebilir miyiz? Yoksa yeryüzünde sadece insan aklı ile idrak edilebilen bir Tanrısallığın tanımlanma düzeyi midir bu?" diye sordum.

Kalktı yerinden ve birden huzur bulan insanların ani coşkusunda görüldüğü gibi sevinçle zıplamaya başladı.

"Evet; Tanrısallığın maddedeki bütünlüğünü kapsayabilmesi için en azından içinde Ateş Su ve Hava'yı da kapsayacak bir kavram ve algılama bütünlüğü ve senin deyiminle idraki olması gerekirdi," dedi.

"Çok güzel," dedim ve oğlumla koltuklarım kabardı. "İşte bu yüzden hakik ve hakikat kavramları sübjektiftir, sadece yeryüzü düzeyini içerir ve kişisel hakikîlikleri, yani bugün artık insan fert bazında, güncel lisanda artık kullanmadığımız 'hakâyık'ları içerir. Hakâyık' ın bir üst çoğulu olan Hakikat ise, insanların hakâyık toplamları bütünü olarak idrak edilmek durumundadır ki, o da hiçbir zaman reel/gerçek Tanrı cesametinin bütününe erişmekten hep uzak, sadece ideallerde, ülkülerde kalacak olan bir durumdur değil mi?" dedim.

Bir süre düşündü ve kafasını salladı:

"Yani, ne kadar çok reel durumun, gerçeğin farkına varırsak ve bu farkına vardıklarımız arasındaki ilinti, ilişki ve korelasyonları tespit edebilirsek; algı genişliğimizi arttırmak ve hakâyıkımızı zenginleştirerek, benliğimizi Tanrı'ya doğru yüceltmek, diye adlandırılan olguya ve sürece yönebiliriz demek ki."

"Evet, ama bunları da kendi benliğimize, yani kendi hakikatimize indirgeme, kendimizde tanıma işlemini de sürekli yapmamız gerekli.

Bu minvalden hareketle, İngilizcedeki *Truth* söz/kavramı hakikat – verite söz/kavram/kelime/sembol'ünün özünü açıklamaktan uzaktır! İngilizcede bu tefrik yoktur. *Truth* kelimesi de kökü olan ve *doğru* olarak kullandığımız *sübjektif* kavramımızla anlamdaş ve dikkat edersen, görülebileceği gibi "doğru" ile farklı yazılımda ama "sesdaş" da olan *"True"* söz/kavram/kelime/sembolünün bir türevidir. Özetle, *Hakikat,* objektif Yüce Yaradan gerçeğinin kişideki gökten inen ya da yerden yükselen şakulî sübjektif bir izdüşümü iken, *doğru-true'*nun sadece kişiye, aklına ve gönlüne has sübjektif bir değer yargısının ifadesi olduğunun tefrik edilmesi, gerekir. Hakikat, inisiyatik, iç aydınlanma yolunun yürüyüşünde önemli kavram/avadanlıklardan biridir.[13] Dikkat ve tefrik edilirse görülebileceği gibi 'at' son ekiyle Hakikat her zaman çoğul olarak kullanılan bir ifadedir. Hak'îki <> Hâk <> Gökyüzü değil, tam tersine 'Toprak gibi' demektir. Bu da bizi olgunlaşmış insan yeryüzündeki Tanrı gibi olmalı şeklinde söylenen erişkinlik kavramının idrakine, Hakikat'in de geçmişteki kahraman örneklerinde de gördüğümüz yeryüzünde Tanrılaşmış gibi, Yüce Yaradan'dan inme insan gibi, olanların çeşitliliğinin ve birbirlerine olan farklılıklarının idrakine de yönlendirici bir özün açıklamasına da götürmeyi amaçlamaktadır diyebiliriz. Zaman içinde Osmanlıcada hakikat tekilleşmiş ve çoğulu olarak hakâyık deyimi

---

[13] İç = ezoter = Eso Thera = aslında lisanımızı idrakli kullanıyor olsaydık "Öz Ser" = kendi başımız diyebileceğimiz bir kavram/kelime. inisiyatik ise bu öz ser'imize erişebilme yoluna (aslında hiç bitmeyen bu yola) başlayabilmek demek. Yani kavram içerikleri bence farklı.

ihdas[14] edilerek ve hakikatin doğal çoğulluk içeren özü ve içeriği unutularak kullanılır olmuştur.

Burada yeri gelmişken ideal ülkü ve hedef kavramlarının da farklarının idrakine varmakta yarar var," dedim ve şöyle devam ettim:

"İdeal – Ülkü, sözlükteki öz anlamı ile İde'ye ait, yani insan aklına dayanan demektir. Yüce Yaradan'ın yaratımının, 'Evrensel Gerçeklerinin' idraki ve onları kişinin kendi hakikatinde tefrik ve idraki zor, kafa ve akıl vicdan yorucu bir süreçtir. Böyle bir çaba inisiyatik ve ezoter bir disiplin ve süreç gerektirir. Bu yol meşakkatli, hatta insanın egosuna başlangıçta cehenneme iniş gibi gelen ve kaçış dürtüsü yaratan benlik acılarıyla yüklü bir yoldur. Bu nedenle insan benliği, kendi ideleri, fikirleri ile, Yüce Yaradan'ın gerçeklerinden uzaklaşarak, aklının koyduğu ve olmasını dilediği, soyut; ama ideal ve ülkülerin hiçbiri genelde gerçeğe dayanmadıkları için olamayacak hedefler yaratır. Gerçekçi olmayan bu durum da çoğu zaman, hem başarısızlık hem strese mahkûm sürtüşmelere ve ayrışmalara, hatta kişinin, en başta kendine karşı dâhi riyakârlaşmasına neden olabilecek sonuçlar meydana getirir. Bilinçle kullanıldığındaysa kitlesel geniş halk toplumlarının yönetimlerinde oldukça etkin bir araç olarak kullanılabilirler. Netice itibari ile, sübjektiviteye dayandıkları için benlik geliştirici yolda, saptırıcı tuzaklar içerebilme olasılıkları yüksektir. Bu yolda başarılı olmak istiyorsak, gerçeklere dayanan öngörülü plan, kısa vadeli etap ve basamaklarla donanmış ve onlarrın üst üste konmalarıyla yapılmış hedef ve amaç tespitleriyle acele etmeden adım adım yürümekte fayda vardır. İlerde bu konulara tekrar değinebilir ve daha

---

[14] İhdas: Yerine konma, yerleştirme , yoktan var etme. Gerçek idraki ile değil "hadis" le Yeryüzünde yapma bir realite dışı bir "hadise" ile kavram/kelam ailesinden bir kelime.

derinleşebiliriz. Şimdi istersen türbanla devam edelim, dağılmayalım," dedim.

"Türban ya da örtünme, tesettür, hicab veya adına daha başka nerelerde neler deniyorsa ne Müslümanlıkla ne Hristiyanlıkla ne de Musevilikle ortaya çıkmış bir olgudur. Geçmişi çok eskilere, insanlığın en azından son 4500-5000 senesine dayanır. Dolayısıyla, 'Hiyer-o-glif' kelimesinin Yunanca 'hayır-lı yazı'- 'hayırlı kazıntı' demek olduğunu idrak etmeden, üç Kitabî dini, Yüce Yaradan'ın 'yazıya sahip' yegâne üç dini zannetme alışkanlığı edinmiş toplumun, çarpık, gerçekten uzak, bu inancının sonucunda oluşmuş, 'genelde kabul edilen' dinlerinin de bir ürünü değildir aslında, bu örtünme veya türban olayı..."

"Ne yani!" derken sesi biraz yükseldi Doruk'un. "Hayır kavramı ve kelimesi Müslümanlıkla gelen bir kavram değil mi?" diye sordu.

Hafifçe gülümsedim oğluma, "Bu arada, zamanla, bu çalışmanın da katkısıyla, senin ve toplumun 'Hiyeroglif' = 'Hayırlı kazıntı' gerçeği ile 'Hayır' kelimesinin ve kavramının kökeninin de Müslüman Arapçası falan değil, Pagan dediğimiz, zannettiğimiz ve öyle kategorize ettiğimiz Yunan kültürünün bir kavram/kelimesi olan *Hiere* olduğunu da idrak etmek düzeyine, gelebiliriz ümidini de taşıyorum. Bu hayırlılık kavramı ve kelimesi o zaman da başlamıyor üstelik, daha eskisi de var; insanlıkla başlamış bir ses/kavramdır dâhi diyebiliriz bu ses/kelama. Örneğin bir sonraki geriye gidiş adımı da bizi 'Hurri' diye bir kavim zannedilen medeniyete ve 'Hur-Hor' kavramına kadar da indirecek, zamanda taşıyacak.

Latincede bu kelime "H"si düşmüş ve sesleri kalınlaşmış olarak *Augur* şeklinde yazılır olmuştur. O zamanlardan itibaren, koşulların etkisiyle doğal değişimler geçirerek bugünkü haline gelen günümüz

Türkçesinin yazılımında ise, Greko Latin günlerimizden kalma ikili beraberliği ile halâ daha 'Hayırlı Uğurlu olsun,' şeklinde kullanılmaktadır.

"Nasıl yani baba? O dillerin Türkçe ile ilintili olduğunu mu söylüyorsun şimdi de?" diye sordu Doruk?

"Nasıl mı? Aynen dediğin gibi... bak," dedim...

"Zannedilenin ve zannettirilmek istenenin tersine Orta Asya'dan gelmemiş dil ve kültür yaşamımı, 'ben oradan gelmedim, oralara kültür olarak kopyalanarak, buradan Anadolu'dan gittim!'" diyerek ve bunun sınırsız delillerinden birini sunarak, "Açıkça bağırıyor lisanımız bu gibi örneklerle güncel haliyle bile," diye ilave ettim.

"Bugün burada göreceli Batı'nın, teknoloji ile evrim göstermiş lisanlarını nasıl kendime kopyalıyorsam yani, ta eskiden beri bolca Grekçe, Latince, sonra da Fransızca ve İngilizceyi de içime almış, kullanıyor ve özüme dâhil ediyorsam, zamanında 'en gelişmiş' yöre, 'ben iken', kendimi de kültürümü de o zamanki dinimi de Türklüğümü de lisanımı da bugün Orta Asya denilen topraklarda 'kopyalattım' diye bangır bangır bağırarak sürdürmekteyim. Yani 'Proto' 'Mroto' değil, aslen 'Orta Hattia'lıyım' diyerek.

Tabii duyabilene, görebilene, duymak, görmek isteyene! Bak; Hiere'yi yani Hayır'ı Kheir, Herr, Ger vs. halleriyle yeryüzüne yayılmış olarak görüyoruz. Örneğin *German* derken aslında ''Hayırlı adam' diyoruz, ama tefrik ve idrakinde değiliz bugün..."

Doruk araya girdi: "Orta Hattia?"

Güneş alçalmaya başlamış, öğle yemeği vakti geçmiş, biz hâlâ konuşuyorduk. Oğluma, hadi biraz ara verelim de kıyıya çıkıp güzel bir yemek yiyelim baba-oğul deyip dümenin başına geçtim. Bu konuşma çok ilgisini çekmişti ve ara vermek istemiyordu, ısrar edince çaresiz, aşağıya üzerini değiştirmeye gitti... Yemek bitip de eve döndüğümüzde, hava da bayağı bir serinlemişti. Ben artık konuşmaya yarın devam ederiz, diye düşünürken Doruk omuzlarımdan tutup beni oturttu ve "Evet baba, Orta Hattia'da kalmıştık?" dedi. Oğlanın benden sıkılacağını sanırken, aksine o beni yormaya başlamıştı, ama bir yandan da oğlumun bu hali hoşuma gitmiyor değildi.

"Evet, önce şunu söyleyeyim o zaman, 'Asya' yazılı kronolojide en önce Anadolu'nun adı... Sonra da o da kopyalana kopyalana büyüyor, zamanla, doğusundaki koca kıta için kullanılmaya başlanıyor ve Anadolu'nun adı önceleri Ön Asya'ya, sonra da Küçük Asya'ya dönüşüyor.

'Asya' derken çıkan ses, açıkça görebileceğin gibi, 'Hattia' derken çıkan sesin başka harflerden oluşan bir lehçe dökümü ile yazılmış halinden farklı bir şey değil. Bugün Athena–Asena arasında ses duyum ve ses yazım karmaşası yaşayanlarda gözlediğimiz gibi.

Hattia da etimosembolik araştırmalarıma göre, daha pek çok olası açılımının yanı sıra, 'soylular ülkesi'= 'turan-Tiran'lar ülkesi de demek.

Het- Hut- Hat bugün kulübe ya da şapka anlamları taşıyor bu kelimeler ama o tarihlerde 'Saray'– 'Saray Mabet" anlamında kullanılıyor. Anadolu'da da Mısır'da da...

'Hüda[15] Evi' ve Hüda'nın yeryüzü temsilcisi Saraylı ve Tanrı'nın yeryüzü temsilcisi Soylu Kral'ın evi gibi…

Hâlâ kullandığımız şu deyim gibi; 'Hot Zot eden' ve Hüda adına yöneten Hûd=Öküz=Boğa Tanrı'nın dinine mensup Tiran Hûd Öküz Oğuz Taurean–Boğaç, Turan'ın evi-Sarayı-Mabedi anlamında yani.

Sadece bu kadar da değil, zaman içinde evrimlerle başka anlamlara gelip ve başka adlar da alıyor bu *Hatti*. En başta *Ata-* sonra Romalı Antonius'un sevgilisi, Octavius'un annesi kıskanç *Attia* bizim bugünkü *Atiye- Asiye* Kybele'nin her yıl ölen öldürülen kocası *Attys* ya da *Aton– Adon* vs., gibi. Bu kavramlardan ve adlardan zaten bilmediklerini, tanımadıklarını istiyorsan çeşitli sözlüklerden ya da internetten araştırıp öğrenebilirsin.

"Anadolu" ise, MÖ 500'lerden sonra ortaya çıkan ve artık kültür deplasmanı ile o batısına "yürümüş" Atina (Hatti Ana= Soylu Ana) şehir devleti kültür ve lisanında "Doğu" anlamına gelen ve o tarihlerden sonra kopyalayarak lisanımıza aldığımız, lisanımızı dölleyerek "millî bizim 'e" dönüştürdüğümüz bir kelime 'Anatolika'.

"Tabii daha önceden de var olup orada 'Doğu' anlamına dönüşmüş olabilme hipotezinin de yolu açık-, ama bunun için önce Atina lisanının öncesi Anadolu ve Mezopotamya lisanlarını- lehçelerini, bulup çıkarmamız gerekli: Neşili'ce, Luwi'ce, Hurri'ce, Asurca, Babilce, Akatça, Elamca, vs. Keşke bu lisanları bilenler bu bakış

---

[15] Hüda: Tanrı Hüda'nın kökeni Hûd = Öküz Boğa Tanrı'ya kadar gider. Çatalhöyük ve öncesinde de MÖ 30.000'lerdeki Fransa mağaralarında da bu Hatti <> Hûd <> Hüda ilişkisini izleyebiliyoruz Bu üçleme ve diğer tefrik edilebilecek uzantıları bizlere pek çok ışık tutan sembolik bir araçtır.

açısıyla elbirliği ile çalışabilseler, hep beraber çalışabilsek.

Zira Hesiodos'un Theogonia *Günler ve İşler*[16] kitabının başında söylediği gibi, Anadolu'dan, Hellas anakarasına doğru yapılan göçü düşün.

Tıpkı bugün Türkiye'de köşeler tutulmuş olduğu için Almanya'ya, ya da diğer ülkelere, ama Batı'ya giden, yerleşen işçilerimiz, ya da Amerika'ya ilk giden Avrupalı çapulcular gibi. Tabii boynuzlar, bu sonradan çıkmalar, kulakları geçiyorlar, geçmişler; hep..."

"Niye batıya yürüyüşler diyorsun, doğuya yürüyüş yok mu baba?"

"Tüm insan yürüyüşleri ve kök kavramlar aynen güneş gibi doğudan batıya yürürler. İstisnası yoktur olmamıştır. Buna mukabil her yeni yürüyüşte ortaya, meydana çıkan yeni teknolojilerse batıdan doğuya kopya edilmişlerdir Bunun da istisnası yoktur. Özetle İnsan ve kök kavramlar doğudan batıya, teknoloji ve yeni buluşlar da batıdan doğuya yürürler."

"Bunların hepsini daha tam olarak özümsediğimi söyleyemem; ama çok enteresan şeyler anlatıyorsun baba."

Tam o sırada saat hayli geç olduğu halde, Doruk'un telefonu çaldı, yüzüne yerleşen gülümsemeye bakılırsa, arayan sevdiği biri olmalıydı, yanımdan uzaklaşıp fısır fısır konuşmaya başladı. Doğrusu bu ara bana da iyi geldi. Anlatmaktan ağzım kurumuştu, kalkıp iki bardak soğuk suyu ara vermeden içtim. Mutfaktan döndüğümde, Doruk kanepeye uzanmış uyumaya başlamıştı bile. Dokunmaya

---

[16] *Günler ve İşler*, Hesiodos, Eskisi Hürriyet yayınları 1973, sonra Say yayınları da yayınladı, YKB'de de 2002 yılında yeni basımı yapıldı, tercümelerde "İşler"i önce yazmışlar.

kıyamadım, üzerine ince bir pike örtüp ben de yatmaya gittim.

Sabah kapının ziliyle gözümü açtım. Komşumuz Gürhan Bey'in kedisi kaybolmuş, acaba pencereden bizim eve girmiş olabilir mi diye, telaşla soruyordu. Hemen içeri buyur ettim. "Durun biraz sakin olun Gürhan Bey, size bir kahve yapayım, siz içerken ben evi bir arayayım," dedim. O sırada kanepede uyuyan Doruk da kalktı, Gürhan Bey'e selam verip odasına gitti. Mutfağa girdiğimde bir de ne göreyim masanın üzerinde top gibi kıvrılmış bir tombik yatıyor. Beni görünce şöyle bir tek gözünü açı sonra hiç tınmadan gene uyumaya devam etti. Bunun üzerine gülümseyerek salona dönüp Gürhan Bey'e haber verdim. Çok sevindi tabii, "Size minnettarım, ben onu alıp gideyim," dedi. Ben de "Eğer kahvaltı etmediyseniz buyurun birlikte edelim," dedim.

Gürhan Bey, "Çok sevinirim, teşekkür ederim. O zaman ben kedimi eve götürüp hemen geri geliyorum."

Ben de mutfağa dönüp çay koymaya giriştim. Doruk, gözlerini ovuşturarak içeri girdi, "Kahvaltıya misafirimiz var galiba baba?" dedi. Gülümsedim. On dakika geçmemişti ki kapı çaldı. Gürhan Bey, elinde tazecik, mis gibi kokan çöreklerle kapıdaydı. Sohbet ederek güzel bir kahvaltı ettik. Doruk sonunda dayanamayıp "Baba biz ne zaman devam edeceğiz konuşmamıza," deyiverdi.

"Oğlum şimdi Gürhan Bey'i sıkmayalım, sonra bakarız," dedim. Bunun üzerine Gürhan Bey özel değilse ne konuştuğumuzu öğrenip öğrenemeyeceğini sordu. Kısaca özetledim.

"Bu konular benim de çok ilgimi çekiyor, izin verirseniz ben de dinlemek isterim," diye lafa girdi Gürhan Bey.

Masayı toplayıp, salona geçtik, bilgisayarımı açtım yeniden ve kaldığım yerden devam ettim bu göçler ve etkileşimler, doğu batı yürüyüşlerinin neticeleri faslına...

"Özetle, bugün, 'kabul edilmiş bilim dünyası ve literatürü,' Müslümanlık, Hristiyanlık duygu çatışmaları nedeniyle, günümüzde, yapacak adam çıkmaması ve edilecek itiraz neticeleri ile oluşan 'idrak' yoksunluğundan ötürü artık 'bilimselleşen', Rönesans zamanının Fransız uydurmacası, Hellas anakarasından gelip de Anadolu'yu – Hattia'yı kolonize etmelerden, bahsediyor. Ama Hellas'ın ve Helenistik kültürün oluşumu ile Amerika'nın oluşumunu birbiri ile karşılıklı ilintilendirmek ve yukardaki genel kabul görmüş hatta bilimselleşmiş hipotezi çürütmek, deliller göz önüne alındığında hiç de zor değil.

Kısaca Hellas – Helen insanının değil, ama kültürünün gelip de Anadolu'yu etkilemesinden çok daha önce buradan oraya 'insan' gidişleri var... Ama gidenlerin 'yeni' bir 'kültür' katkısı ve evrimi yok."

Evrim orada, 'ilerlemelerle, yeniliklerle, yeni buluşlarla, çalışmakla' buradan gidenlerle orda olanlar arasında oluşan füzyon neticesinde adım adım vücut buluyor ve sonrasında yayılıyor.

Bu 'Hatti' – 'Turan' tarafsa, tutucu, koruyucu kaldıkça geriliyor. Nitekim bugün geriye dönüp baktığımızda gördüğümüz gibi; Anadolu'da yapılmış en son icat 'demir.' Tarihi ise ta MÖ 1200'ler...

Daha sonra günümüze dek yapılmış, keşfedilmiş bir gerçek ve buna dayanarak icat edilmiş yeni bir teknik araç veya benzeri hiçbir şey yok. Bu tarihten sonrası hep göreceli Batı'dan ithal, kopya... Ama buna mukabil eski kökleşmiş 'değerler' hep korunuk...

Aynı olay, MÖ 10.000'lerden beri Anadolu'dan bugün Orta Asya dediğimiz yerlere doğru da gerçekleşiyor. Oraya giden kültür, insanlar değil. Oradan zaman içinde gelenler de burada, Anadolu'da, zaten evrim geçirerek değişmiş, hatta geçmişini dışlamış kültürün 'eskisini' tekrar tekrar geri getiriyorlar. Hatta bugün bize yaşatılmaya çalıştırılan gibi 'kültür' oralı zannederek, zannettirilerek."

Gürhan Bey, araya girdi: "Peki ya MÖ 10.000' lerden öncesi?"

"MÖ 10.000'lerin öncesinde elle tutulur, gözle görülür hemen hemen hiçbir delil yok. Anadolu ve Avrupa'nın Boğa Kültürlü, doğusundaki bugün Orta Asya dediğimiz yerlerin de Keçi Kültürlü olduğunu bilmemizi sağlayan Neanderthal döneme ait mezar buluntularından başka.

Bugün pek çok eski medeniyette olduğu gibi hipotezlerini doğrulamak isteyen kimi tarih tahripçileri, bazı medeniyetlere uyduruk tarih atamaları yapsalar da somut delil gösteremedikleri için, inananları olsa bile, kabul edilebilirlikleri yok tabii.
Atlantis, Mu, Lemurya vb. gibi olmalarına imkân olmayan batmış kıta hayalleri ya da Gobi Çölü altındaki rasyonalize edilmiş, akla uydurulmaya çalışılan hiçbir zaman var olmamış şehirler gibi."

"Baba, kelimelerle çok oynuyorsun, tespitlerin doğru olsa bile bilimsellik adına bu konu biraz rahatsız edici, şüpheye düşürücü gibi oluyor. Neden bu yolu seçiyorsun?"

"Bak Doruk 'cum, her şeyden önce bilgi babından: 'etimo' Eski Grekçe 'ethym' = hakikat demek... Bugünkü Türkçemizle 'harf devrimi' kuralları ve ses/yazısı ile okuduğumuzda 'isim' olduğu açıkça görülüyor. Yani etimoloji = isim bilim = hakikat bilimidir demek, zaten tanımına da cuk oturuyor. Sadece bu 'gerçek' bile, tek başına bir 'dank ettirici' ve bilimsellikle ilişki kurucu olmaz mı?" dedim.

Kafasını salladı düşünceli düşünceli...

"Dolayısıyla," diye devam ettim. "Kelimeler, adlar–isimler, geçmiş, yeryüzündeki yaşamımızın araştırılması açısından, üstü örtülü gerçekler ortaya çıkartılmaya çalışılırken, son derece temel araçlar... Arkeolojik, mitolojik, folklorik, etnolojik, vd. bulgular kadar, hatta onların 'yorumsuz hakikat' ini de içerdikleri için, daha da önemliler. Kelimelere, birbirinden bağımsız bulguları harçlarıyla birbirlerine bağlayacak olan 'evrensel' bağlar, 'ses semboller' de diyebiliriz.

Nitekim bilinen yazılı ilk kutsal kitap da *'Her şeyden önce kelâm vardı ve kelâm Tanrı idi'* diye başlar değil mi? İslamiyet'te de ilk dönemlerde 'İlm-i Kelâm' diye bir öğreti var. Ama daha sonra 'idealist' tasavvuf, onu adım adım devre dışı bıraktırıyor, o da her disiplinde zaman içinde görülen şarlatanlar vasıtasıyla 'büyücülük' mertebesine kadar indirilip dışlanıyor. Daha sonra da tasavvufun tefekküründen bile rahatsız olan 'salt inanç' yeter, idrake ve tefekküre gerek yok, diyen 'dinciler' onu hepten unutuyor, unutturuyorlar.

Oysa dikkat edilecek bir husus da kelime- kelâm ses/kavram'ının eski Grekçe karşılığı olan log-os. Logos çıkaran, yani lak'ırdı eden, hem bizim, bugün uzmanlık anlamında kullandığımız, 'usta-lık, kasap-lık, mimar-lık vb. haliyle bizde yaşıyor, hem de *Kelam Tanrı idi* uzantısıyla bizi Al-log <> Al-lah kavramına kadar taşıyor. Arada Lik-ya gibi medeniyetlerden, Lug Al Zagezi veya Lug Al Banda gibi krallardan da geçirerek,'" diyerek sözlerimi tamamladım.

"Oooooo baba, bu yol çok uzun, pek çok 'tefekkür' gerektiriyor. Bugünlük yeter. Tüm bunları bir düşüneyim yarın gene Türban'a döneriz olur mu?" dedi ve tabii cevabımı beklemeden, mayosunu havlusunu kapıp çıktı; bilmem hangi balığın peşine ya da mavilerin dinginliğinde hangi tefekkür çukuruna daldı.

Doruk çıktıktan sonra Gürhan Bey'le biraz da siyasetten, ülkenin gidişatından vb. konulardan konuştuk. Gürhan Bey saatine bakıp, "Zaman nasıl da akmış, çok teşekkür ederim bugün yaptığınız her şey için, güzel sohbetiniz için..." diyerek izin isteyip kalktı.

Onlar gittikten sonra, bilgisayarımı kapattım ve okuduğum kitabı elime alıp verandadaki şezlonga yerleştim, bugün nedense evden çıkmak istemiyordu canım...

TÜRBAN

Türban kelimesi yeni, Fransızca kökenli bir kelime gibi. Ama çok eski etimosembolik kavramlara da taşınabilir. Örneğin, Tür <> Farsî Ser=Baş ile ilgilidir diyebiliriz. Ban-Bin vs. ise, evrensel gelenekte (Ban, Bin, İbn, Van, Von, Bun, Bön, Fan, Fin, Fon'a varıncaya kadar) "Kadından Doğum" kavramı ile ilintili…

Türban, çok zengin etimo- semboliğe sahip bir kelime… En kısa etimo-ezoterik tanımı ile; malûm yerden değil de "baştan doğan", öz anlamını taşıyor. <> Mecaz'da sembolik olarak, "insan aklının ürünü" = "fikir" demek gibi.

Yukarıda dipnot olarak kısaca tanımını yaptığım, ezoteriğin ne demek olduğunu da ifade etmeye çalışayım:

Kişinin kendi ezo'sunu = öz'ünü, kendi içindeki öteki "ben" ini ve ondan hareketle, Yüce Yaradan'ın evrendeki "gerçeklerini" idrakler, tefrikler ve farkındalıklarla, "kendi hakikatine" dönüştürerek, kendi kendini ve evreni, derece derece tanımasının, tefrik ve idrak etmesinin, hiçbir zaman sona ermeyecek yolunda, bilinçle, ne yaptığını tefrik ve idrak ederek inancın dogmalarının üstüne çıkarak "emin" olmaya, yani İman'a doğru yürümesinin süreci ve çalışma tarzıdır.

Bunun etaplarını, tefekkürle başlayarak, tefrik- idrak- irfan kademeleri oluşturur, diyebiliriz diye çalışma notlarımı gözden geçirirken, mırıldandığımın farkında olmadığım için, Doruk'un sesiyle başka bir âlemden gelmiş gibi hafifçe irkildim. Oğlum kim bilir ne zamandır tam arkamda duruyordu ve farkına bile varmamıştım.

Doruk, "Demek etapları böyle açıklayabiliriz öyle mi baba! Evet, artık bu sürecin nasıl işlediğini aşağı yukarı kavradım; sen devam et, kulağım ve aklım sende," dedi.

"Peki madem dinle o zaman: Ezoterik kelimesi eski Grekçe konuştuğumuz zamanlardan kalma. Bugünkü Farso Türkçemizle 'Öz Ser – ik' de diyebiliriz. Geçmişinden koparılmış dejenere edilen ve Öz Türkçe sanılan güncel lisanımızda da her ne kadar anlamının özünü yansıtmayan bir şekilde 'içreklik' deniyorsa da 'Öz Baş'ik' ya da 'Öz Ben'ik' de diyebileceğimiz ve daha kolay anlayabileceğimiz bir kavram. Tabii bence Öz Ser'ik ses / kavram uyumuna daha cuk oturuyor, geçmişi ve geleceği ile bütünlük sağlıyor.

Bu noktada, bugün, toplum genelimizde aynı şey zannedilen, biri Türkçe, öteki Arapça diye hatalı şekilde tanımlanan, 'inanç' ve 'iman' kavramlarının farkını tefrik ve idrak etmemizin yararına da burada değinmek istiyorum," dedim ve devam ettim.

"İnançla iman kavramları arasındaki en önemli fark 'emin'lik olgusu.

Emin olduğunuz şeye artık inanmazsınız. Onu bilmenin de üstüne çıkarak, tanıyorsunuzdur. İnancın üstüne çıkmışsınızdır. O artık benliğinizin aklınızın, gönlünüzün bir parçası olmuş, sizle özdeşleşmiştir. Bu düzeye varmaya 'irfan' diyoruz. Kişiye de arif… İnanç, tanınmayan bilinmeyen, ama gene de kabul edilen karşısında içinde bulunduğumuz akıl ve zekâ düzeyidir. Özünde idrak yoktur. Emin olduğunuzun, hür iradenizle 'yanındasınızdır, o sizin içinizdedir. Onu tanır, anlarsınız ve en önemlisi idrak edersiniz. Siz ve O bütünleşirsiniz. Siz artık Hür'sünüzdür. İnandığınızın ise, sadece idraksizce ona tabi kulu kölesi olursunuz…

Bu 'tanıma' ve 'emin olma' olgusu, insanı irfan düzeyine yükselterek yeryüzünde 'imana' sevk eder. Oysa inançta bu süreç yoktur. İnançlı, bilmez, tanımaz, sadece inanır; tefekkür bile etmez. Bir sürünün parçası olarak kalır. İrfanın yakınında uzağında olmadığı gibi, düşünmeden, daha doğru deyimiyle tefekkür etmeden inandığı için de cahildir; cahil kalmaya da kendini sürekli mahkûm etmekte, ettiğinin farkında olma kapılarını da kapatmaktadır. Dolayısıyla 'inandığının' da kendisine olan mesajlarını doğru algılamaya kendini kapatmakta, onları idrak ve fark etme düzeyini düşürüp O'nun ışığına, Nur'una 'kör' kalmaktadır 'Düşünüyorum demek ki 'ben ben'im' dendiğinde olduğu gibi kendi' değildir. Dediğim gibi, kuldur, köledir, tarihte de örneklerini gördüğümüz gibi, yönetimlerin, kurumların sürüsü, piyonu, oyuncağıdır artık.

O nedenle inançlı 'adanmışlığı' ile 'imanlı', emin olanın adanmışlığı, Abd'i = ibadet'i arasında fersah fersah fark vardır. İnançlının 'Abd' den hareketle Latin kökenli dillerdeki *Abdiction* kelimesinde gördüğümüz teslimiyeti ile imanlının, mümin kelimesinde gördüğümüz, kendinde kendinden emin tabiiyeti arasındaki farkın da tefrikle idrak edilmesi gerekir. "

"Niye, 'düşünüyorum demek ki ben Ben'im" dedin baba? Onun doğrusu, 'Düşünüyorum o halde varım,' değil mi?"

"Hayır oğlum. Malum bu cümle Descartes'a ait. Aslı Fransızca *'Je pense donc je suis."* Tam karşıtı yani: 'Düşünüyorum demek ki ben'im" ya da çok istenirse daha da iyi anlaşılsın diye, "Düşünüyorum demek ki ben; benim.' demek. Ben olmakla var olmak arasında kavram içeriği ve doğurdukları idrak neticeleri açısından dünya kadar fark var. Descartes var olmayı kastetmiş olsaydı *"Je pense donc j'existe,"* derdi. Olay tıpkı Shakespeare'in *Hamlet'*inin meşhur,

'Olmak ya da olmamak işte bütün mesele bu,' sözüyle ya da Yunus'un 'Bir ben var bende benden içeri 'sindeki 'ben' le aynı paralellikte.

Aynı kavram idraksizliğini 'Tanrı vardır Tanrı yoktur,' tartışması yapanlarda da veya ona, 'Yüce varlık' diyenlerde de görüyoruz. Tanrı ne vardır ne yoktur ne de insan aklı düzeyinde bir 'varlıktır" Tanrı "DIR" "O DUR" "TANRI TANRI'DIR" demek yeterli olacaktır. İngilizcesi ile '*HE IS*' ya da '*GOD IS*' Fransızcası ile, '*DIEU EST – IL est*', Müslümancası ile Allah'DIR ya da Türkçe kullanım uyumuyla 'O ALLAH'DIR,' o kadar," dedim.

"Evet anladım bu çok önemli bir tefrik, "dedi. Olmakla Var Olmak arasında hakikaten temel bir farklılık var. Bu konuda yerleşmiş başka kavram veya kelimeler de varsa biraz anlatsana."

"Teb'a' ile 'Halkı'n ve 'Ahali'nin' de farklarının iyi idrak edilmesi gerekir," dedim.

"Teb'a, taa Mısır'ın Theb kentinden beri yazılı olarak duyduğumuz, bugün hâlâ her üç dinde de 'Âmin' diyerek, anmaya devam ettiğimiz 'Amon'a tâbi eminlerin bir araya gelmiş olanların toplumu anlamına da gelmektedir

Halk ise, Anadolulu Güneş Tanrısı Hal – Hal- di zamanlarından kalan Grek dönemde Helios'a, günümüzde Hâlis kavramına dönüşecek olan, Hal tarafından yaratılmışlar, Halik olmuşlar anlamını günümüze taşır.

Bunun açılımı olarak, A-Halî Hâlsizler olarak da idrak edilmek durumunda da olabilecektir Yani Güneşsiz olanlar <> Kendilerini kendilerinden tekrar tekrar her gün Güneşin yaptığı gibi yaratamayacak, yaratma güçleri olmayanlar içeriğinde de lisanda oturmuştur da diyebiliriz. Nitekim bu olgu zamanla toplumlarda "ırk" kavramı oluştuğunda yönetici olmayanlar; Güneş Kral'ın soyundan, mavi kanlılardan olmayanlar kavram ve sonuçlarına da dönüşüyor. Bugün kullandığımız 'Hâlsiz düştüm' kavramı da bunlarla ilintili doğal olarak. Güneşim – enerjim kalmadı anlamına geliyor aslında. Tabii tersi ile Arapça *Ahli-Ehli* dendiğinde de 'Ehil olmuşlar idrak etmişler' açılımlarına da erişebiliriz.

Neticede;

İman eden mümin benliğini hürleştirmiş, Yüce Yaradan'ın yüce sistemini idrak ederek, O'na yönelmiş onun işleyişine, teslim değil, tâbi olmuş ve yeryüzündeki insanî görevlerini insanca sevgiyle, güçle ve akılla, O'nun o yüce makrokosmik sistemini idrakle o sistemi kendi mikro düzeyinde idrakle kopya ederek, kendisini gerçeğin nehrinin akışına onu idrak ederek, ona direnmeden tâbi olmayı becerip veya gerçeğin dalgalarının üstünde sörf yapabilmeyi becerebilerek yeryüzünde bu Yüce Sistemin aynısını kendisi marjinalde, mikrokosmosta uygulayarak, yapmaya yönelmiş bir kişidir diye tefrikle ifade edebiliriz.

Müslümanlık ve gerçekten de muazzam bir ezoterik sembolik kitap olan ve o yüzden de kelime kelime çevrilemeyip anca sınırsız sayıda mealleri yapılan ve yapılabilecek olan Kur'an-ı Kerîm'de inançlıdan ya da bugün bazı sapkınların kullanmayı tercih ettikleri gibi 'İslamiyet'in üyesi Müslüman'ın Allah'a teslimiyetinden' zaten hiçbir zaman bahsetmemekte, devamlı 'müminlere hitap 'etmekte, onlara sınırsız içerikli sembol ifadelerini sunmaktadır. Ama insanların geneli Kuran'ın ne dediğini idrak etmenin zorlu ve acı veren çabasına yönelmek yerine, ezberleyerek, hatmederek, onu anlamadan tekrar etmeyi ve 'tapma', diye tanımladıkları sığ bir düzeyde kalmayı yeğlemişlerdir. Sonuçta, kendini Müslüman sanan, ama ancak "Müslümancılık" düzeyinde kalabilen camiada ortadadır.

Zaten 'mü'- 'me' ön eki de Arapça 'da aynı Batı dillerindeki *my-am–me- moi*' gibi 'ben' ve 'benlik' kavramını içeren ön takılardır. *'te'* ise 'ikincil şahıstır ve genelde zamanla inanç, imanı hep yediği için, *'Theo-Te'* vb. gibi 'ben'imiz dışındaki, özümüzde imanımızın ve kendimizdeki varlığının, idrakinin ve irfanının dışına çıkartılan aldırılan bir Yüce Yaradan algılanışına dönüştürülmüştür. Hatta bu yüzden bunu hatırlatanlar, Yüce Yaradan dışımızda değil, 'O biziz,' diyenler, Hallac- ı Mansur, ya da Nesîmi, Şems-i Tebrîzî, Giordano Bruno vb. gibi, bugün büyük düşünür kahramanlar olarak anılsalar da zamanında büyük acılar yaşatılarak öldürülmüşlerdir.

Oysa görüldüğü gibi, 'mü'min' de 'ben benden eminim' anlamında ve 'Ben' imizdeki Yüce Yaradan'ı, O nun sınırsızlığını idrak etmişliğin işareti olan, Enel-Hâk' la paralel anlamlı bir kelimedir.

Tıpkı Mü'slüman'ın da aslında, 'Selâmet'i başka bir yerde, başka birinde ya da başka bir kitapta değil, 'kendilerinde' bulmuşlar anlamında olduğu gibi.

Ama inançlı olmanın yarattığı tembellik ve kolaycılığından, kölelikten yararlananların, zamanla adını korumakla birlikte, Mü-slim'i de Te-slim ci hale getirdikleri, bugün açıkça görülmektedir. Müslümanlık Allah'a ve Kuran'a teslim olmak demektir, diye yeni ve asılsız tanımlar uydurduklarını içimiz sızlayarak izliyoruz…

Günümüz lisanında her nasıl anlaşılıyor olursa olsun, inanç ile iman arasındaki bu çok önemli farkı dikkatle anlamak ve terazinin aynı kefesinde bulundurmamak gerekmektedir. Bugünkü problemlerin çözümünün pek çok anahtarı burada yatmaktadır, demek yanlış ya da çok iddialı bir tespit olmayacaktır.

Sanırım, kullandığım yöntem ve araçların, kullanım biçimlerini açıklamaya çalıştığım bu girizgâhtan sonra asıl konumuza, türbana, örtünmeye dönebiliriz ne dersin?" dedim.

"Oldukça net, teşekkür ederim," dedi oğlum. "Bilhassa Müslim ve Teslim farkını çok iyi özümsedim sanırım."

"Buna sevindim Doruk 'cum; ama biraz yoruldum sanırım. Hadi bir yürüyüşe çıkalım, çarşıdan bir şeyler alıp tekneye gideriz, dün gitmedim ya, özledim hemen küçük teknemizi, hava müsait olursa kalırız belki gece de yıldızlara baka baka uyumak gibisi var mı!" dedim. Doruk başını salladı, konuşmama devam etmemi istediğini belirtmek istercesine, hafiften yüzü düştü ama itiraz da etmedi. Toparlanıp çıktık. Tam kapıyı kapatıyordum ki, Gürhan Bey'i bahçesine kurduğu potanın altında, kendi kendine basketbol oynarken gördüm. Eşi yoktu galiba bugünlerde. Bunun üzerine selamlaşırken, "Biz Doruk'la bir şeyler alıp tekneye gidiyoruz, siz de bize katılmak ister misiniz?" diye sordum.

Gürhan Bey, "Ben de bugün sizi davet etmeyi planlıyordum, eşimin annesinin biraz tansiyonu yükselmiş, 'bir gidip bakmadan rahat edemeyeceğim,' deyip gitti. Dün anlattıklarınızı düşünüyordum şimdi de... Şu anda yaşananları, teknolojik gelişmelerin bu kadar gerisinde kalışımızın nedenlerini falan, bir de bir bardak suda kopartılan fırtınaları, malum türban meselesi gibi..." deyince Doruk gülmeye başladı. Gürhan Bey durumu anlamaya çalışırken ben de güldüm. "Hadi Gürhan Bey, şu tişörtünüzü değiştiriverin terlemişsiniz, biz burada bekliyoruz, oradan da tekneye gideriz," dedim.

Gülümseyerek koşar adım eve girmesiyle çıkması bir oldu ve

üçümüz çarşıya doğru yürümeye başladık. Yolda ona niye güldüğümüzü ve Doruk'la az önce konuştuklarımızı ona da özetledim.

Çeşitli mezeler, biraz meyve bir de rakı aldık. Doruk'un yüzüme baktığını görünce, demek istediğini anladım... "Tamam, ama sadece bir tane," diyerek iki şişe de bira istedim, oğlum ne kadar kabul etmek istemesem de bir delikanlı olmuştu artık ne de olsa!..

Tekneye varınca sade bir sofra kurup, oturduk... Bilgisayardan Bach'ın Goldberg Varyasyonu'nu açtım, bu enfes Gould yorumunu dinlerken, denizin kıpırdanarak müziğe eşlik edişini seyrettik, hava mis gibiydi.

"Ishtar'ı biliyorsunuz değil mi diye sordum"

Gürhan Bey, evet anlamında başını sallarken oğlum atıldı:

"Şu Mezopotamyalı bir tanrıça değil mi?"

"Bugün öyle sanılıyor, ama sadece Mezopotamya değil, bir sürü isimdaşı ile birlikte tüm çağların hatta günümüzde pek çok kavram ve bilimin bile en önemli kadın tanrıça figürü, ama onun detaylarına inmeyi başka bir zamana bırakalım, "dedim.

Gürhan Bey'e dönerek: "Konumuz açısından evriminin bir döneminde tarihte "baş örtmeyi" ilk kez Tanrıça Ishtar'da görüyoruz." diye devam ettim.

Iştar ki, bugün ondan pek çok kavram ve kelime türetmiş vaziyetteyiz, ama sosyal bilinç düzeyimizde, bunun farkında, "tefrikinde" ve "idrakinde" değiliz, halbuki geçmişin çok önemli "Tanrısal" figürlerinden birisi. Hatta anaerkil dönemde, bugün her ne kadar cinssiz, kadın veya erkek olmayan diyorsak ta 'Al-Lah Baba' der gibi 'erkek imajlı' TEK Yüce Yaradan kavramının eşiti; ama 'kadın' olduğu 'Allah Ana' gibi bir zannın ve inancın figürüdür, dahi demek mümkün

Günümüzde, artık kendisine tapmadığımızı zannetmemize rağmen evrensel düzeyde etkisini sürdürdüğünü gösteren birkaç kelimeyi burada sıralamak istiyorum. Resim, MÖ 6000'ler. Burdur'un Hacılar Kasabası'nda ortaya çıkartılan, başka pek çok yörede de rastladığımız sayısız buluntulardan birisi.

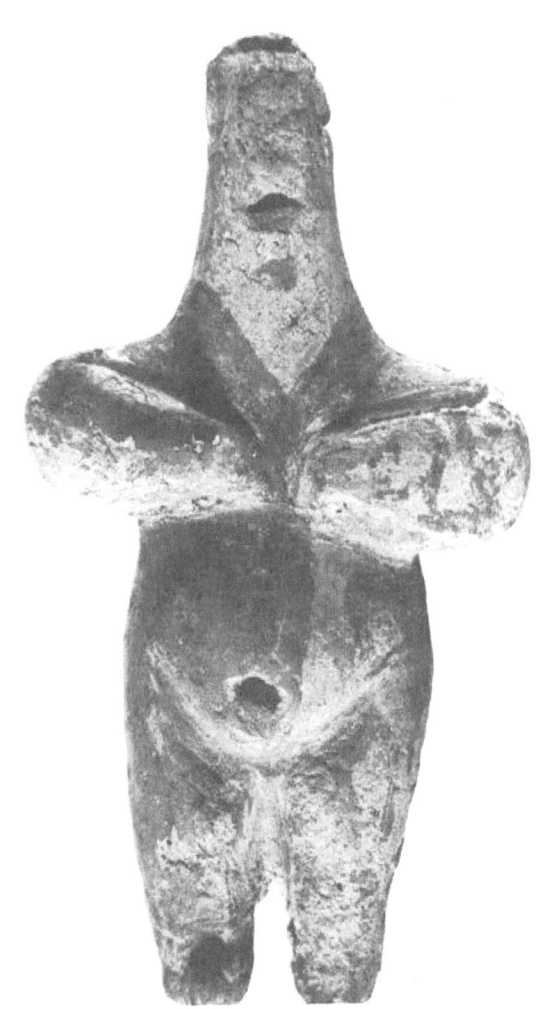

Star = Yıldız> Sitare, vb.

Hyster=Kadın cinsel organı – Uterus (Latince)

İsteri= Kadınca, duygusal 'istek' ve 'arzu' patlaması (Hysteria)

İste-mek = Elde etmeyi düşünmek = Hystemek

Est = Doğu

Est Ra = Doğu'nun hâkimesi (Venüs) (Zühre- Zehra> Seher'de Ali'yi = Heli-os Güneşi Tanrı'nın oğlu sevgilisini gösteren... Sonraları Kitabı "Zohar") vs.

Ether = Ruh, uçucu

Eser = Yaratılmış güzel icraat

Siddhartha = Erkekleşmiş İshtar = Budha (Budha = Pudu <> Pedi = Çocuk; Ana'nın 'seçilmiş kral' inisiye[17] çocuğu)

Esther = Tevrat'ta önemli bir figür

Settar = Al-Lah'ın 99 sıfatından biri

Merkür'ün yani Hermes'in Utarit adı gene ondan geliyor. Bu da zaten Hermes'i bile kadınlaştırıyor, ya da ay/kadın 'Rahim' ilintisini açıklıyor...

Çok daha ilerde 'hermetik' rahim'li 'harem anası' 'Hürmüz'ün, neden erkek değil de kadın ismi olduğunu da açıklayacağı gibi.

---

[17] İnisiye (inisinasyon): Antik öncesi ve hatta Grek dönemin başlangıçlarında bile krallar hep Tanrı Kral – Rahip Kral <> İnisiye olmuş inisiyason geçirerek ezoterik disipline tanıştırılıp o yolda yol aldırtılmış insanlar oluyorlar. Kısaca gerçekten de hak ederek yeryüzünde tanrısal adamlar olarak ün yapıyor ve öyle anılıyorlar. Tabii zamanla bu olay da insanın tefekkür tefrik ve idrak tembelliğinden ötürü dejenere oluyor. Bilhassa Roma'da krallığın artık iyice suyu çıkıyor. Her kral kendini daha sağlığında iken tanrı ilan etmeye başlıyor.

Nitekim 'ut' isimli enstrümanımız da... o Utarit halinden geliyor.

Eskiden notalar da onun adıyla başlıyor: ut-re-mi-fa... diye. Sonra erkek ihtilâlle, 'Tanrı' kavramı erkekleşip Hristiyanlıkla da 'domine =yüce hâkim, yönetici efendi kavramı oturunca, do-re-mi...'ye dönüştürülüyor, kilise tarafından."

"Çok enteresan şeyler bunlar!.." dedi Gürhan Bey rakısından bir yudum daha alırken, "eksik, bilmediğimiz ya da gözümüzün önünde olmasına rağmen farkında olmadığımız ne kadar çok şey var.

Altımızda dipsiz bir deniz varken yüzeyde yüzüp duruyoruz..."

Doruk'un da çok ilgisini çekmişti bu bölüm, hiç sesini çıkartmadan dikkatle dinliyordu.

"Evet, ne yazık ki öyle, tabii bu arada bunlara bilmediğimiz değil de bildiklerimizden tefriklerle kendi benliğimizde idraklerimize dönüştürmediğimiz şeyler var demeyi tercih ederim" deyip devam ettim:

"İştar, erkekleştiğinde 'Astor'a dönüşüyor. Resim İstanbul Arkeoloji Müzesi'nde, MÖ 200 Suriye'den.
Yanında 'oğlu'yla görülen adamın adı Abd Astor… Abdullah = Al-Lah'a ibadet eden gibi Abd Astorda Astora ibadet eden demek. Burada da erkekleşmiş bir Ishtar'ı gördüğümüzü söyleyebiliriz rahat rahat…

Astor'un karısının adı Salmat. Selâmet ◇ Güneş Ana, ◇ Toprak Ana ile ilgili. Kızının adı ise, müzede yazıldığı haliyle Hagge. Hagia- Aya- Hacıye- Ece- Ege- Hexe (İng. cadı demek), Hagge Ra ◇ Hacer vb. ile ilintisi görülüyor. Gördüğümüz gibi onların da başı örtülü!

Ishtar'ın Mezopotamya'da erkekleşmişi, UTU oluyor. Bizde ATA. Arapçalaşmışı da 'UZZE'; bizi tekrar 'Azize', İsis'e, ama, 'Acuze'ye de götürüyor. Haag ◇ Acuz ◇ Ece ◇ Hagia = Cadı ve Azize, Kraliçe anlamlarında, beraber kullanılıyor. Zamanla, tek Tanrıçalığını erkeğe kaptırmış kadının, 'aciz'liğine bile uzanıyor iş. UZZE ile OUSER denen Osiris ve 3. Hanedan'ın ilk firavunu ilerde Sezar'ların da isim babası olacak ZOZER ile de ilinti kuruyoruz. Tabii dolayısıyla OĞUZ RA ile de ve AZER ile de ve tabii Euz'ü billahinin Euz'üsü ile de. Ama bunların detayını ayrı bir kitap olarak yazmayı planlıyorum," deyince, Doruk, artık bu kadar bilgilendikten sonra sana yardım ederim baba ben," dedi. Şanslı bir adam olduğumu düşündüm, ama şimdi duygulanmanın sırası değildi ve devam ettim:

"Bugün, insanı insandan ayırıcı ve birbirinden uzaklaştırıcı, dolayısıyla da devekuşu gibi kafayı kuma gömdürüp sadece kendine baktırarak cahilleştirici, tefekkür ve tefrik önleyici, geri bıraktırıcı... Uluscu-etnikci- ırkçı-milliyetçi' düşüncelerle ve rasyonalizasyonlarla, yeni 'kurtarılmış', temizlenmiş Türkçe diye yapılmaya çalışılan; toplumun, 'kelimelerinin geçmişinin hakikatlerini' yok ederek, irfanından uzaklaştıran çabalarda bulunanlar devlet için de 'ilk ut' diyorlar.

Üstelik, ut 'un Grekçede ve de Mezopotamya lisanlarında, Hermes'in diğer bir evrensel, ama 'dişi' bir adı olduğu idrakinden bîhaber.

Gördüğümüz gibi farkında olmadan bu 'ilk ut'la, 'Devlet Ana' olarak tabir edilen kavramla sembolik ilinti kendini geri getirmiş. Oysa Anadolu kültürü bugün onu da 'baba' yapmış durumda; 'Devlet Baba' diyen kültür katmanının fertlerinin sayısı daha fazla... Osmanlı'nın başlangıcında bile *Devlet Ana* denmesi daha hâkimdi, diyor Kemal Tahir.

Ishtar hakkında sadece adından ve adının evriminden hareketle sayfalar sürecek ve aranıp da geliştirilecek bir sembolik ilişkiler listesi edinilebileceği kesin. Dolayısıyla, takip edebildiğimiz kadarıyla MÖ 7500'lerden hatta Neanderthal ve Cromagnon dönemlerden beri, Anadolu kökenli, 'anamız', 'sevgilimiz' 'bacımız', bu 'çok adlı, sıfatlı' Ishtar–İştar'dır, velhasıl.

Bazı akademisyenler onu Mezopotamya'nın 'İnanna'sı ile de özdeştirmeye çalışıyorlar. Biz bugün İn'in annesi, 'Ay nene' ya da 'anneanne' diyoruz ona, ama ayın evrensel gelenekte hep kadınla ilintili olduğunu bilmemize rağmen, bugün tamamen 'Aydede'ci olmuşuz; 'ay'ı da erkekleştirerek. Bu özdeştirmeyi şimdilik konuyu dağıtmamak için ayrıntısına girmek istemiyorum; ama artısı ve eksisi ve doğrusu yanlışı ile bize başka ışıklar da yakmakta olan bir 'olgu' diye, bir kenara not almakta yarar var... Derine inildiğinde, türbanla olan ilişkisinin de aydınlanacağını düşünüyorum. Gürhan Bey rakılarımızı tazelerken, Doruk, "Tanrı'nın erkek mi kadın mı olduğu zaman içinde, bugün ayrıntılarını bilmediğimiz pek çok savaşa yol açmış olsa gerek, dedi."

"Evet oğlum, bilhassa Enuma Elish Destanı ve Marduk'un hikâyelerinde ve sonraki kutsal savaşların hemen hepsinde bunu görmek mümkün," diye cevap verdim. "Üstelik bu tartışmalar ve savaşlar onla da kalmayıp daha da dallanıp budaklanıyor. Kısaca söylersek:

Yönetici Kral bu Ana'nın oğlu mu? Sevgilisi mi?

Bugün ensest dediğimiz aile içi cinsel ilişki yasaklanmadan önce hem oğlu hem sevgilisi mi?

Ana'nın oğlu olarak gelen aslında Piç mi?

Kral, yoksa Baba'nın Tanrı'nın oğlu mu?

Yoksa Baba'nın yeryüzü temsilcisi mi?

Mesajcısı mı?

Re Sol de gördüğümüz gibi "Yeryüzü Kralı" mı?

Savaşları tarih boyunca döne döne ve biri tercih edildiğinde ötekilerin de zaman içinde tekrar ayırım yarattıkları dikkatle tefekkür edildiğinde gözlenen olaylar zincirlerini barındırıyor ama şimdilik biz İştar'a geri dönelim," dedim.

Gürhan Bey, "İştar resim ve heykellerine baktığımızda genel olarak çıplak olduklarını görüyoruz, ancak MÖ 2300'lerden sonra örtünüyor galiba değil mi?" diye sordu

"Zaman içinde kavramlar da ilk varoluş zamanlarından farklılaşabiliyor o yüzden" dedim. "Biliyorsun Grek mitolojisinde baş baba Tanrı Zeus'un da babası olan Kronos dedim. Adına dikkat et bakalım, ne demek aslında?"

Doruk, "Kronos Kronos Kronos" diye mırıldanırken birden "Kronoloji-Kronometre," dedi.

"Hah işte!" dedim, "bunlar neyle ilgili oğlum? "

"Tabii ki zaman."

"Evet. Peki, Kronos'un en temel özelliği nedir? Bunu hatırlıyor olmalısın"

"Çocuklarını yemesi... Zamanın her şeyi değiştirip unutturduğunu mu yani?" dedi.

"Sence?" dedim...

"Vayyy! Mitolojiye hiç böyle yaklaşmamıştım, anlaşılan her şeyi yeni baştan başka bir gözle ve bakış açısıyla okumak gerekecek." Diyerek, doğrusu bana çok keyif veren bir idrakte bulundu.

"Evet hem Grek mitolojisi kendi içinde hem de tüm mitolojiler karşılıklı iletişimleri tesis edilebilecek yönde tekrar tekrar incelenmeli ve çıkacak olan idrakler evrensel olarak paylaşılmalı," dedim. "O yüzden de evrensel düzeyde elbirliği ile yapılacak bir çalışmalar zinciri gerekiyor," diye ilave ettim.

"Valla çok doğru ama çok da zor!" dedi. "Belki de gerçekleşir bir gün," diye mırıldanarak suya atladı. Arkasından, "Hemen bir gir çık, bira içtin, sakın açılıp teknenin yanından uzaklaşma diye bağırdım! Başparmağını havaya kaldırarak beni onayladı; bir yandan da ben çocuk muyum bakışı atarak...

Gürhan Bey, "Sizi kutlarım, harika bir çocuk yani genç yetiştirmişsiniz, hadi onun sağlığına bir kadeh kaldıralım," dediğinde, gözlerim nemlendi; ama belli etmemek için, buz getirme bahanesiyle kalktım...

Doruk tekneye döndüğünde, bir yandan kurulanırken bir yandan da "Baba, şu İştar'ın çıplaklığını giyinmesini falan, o durumları da açıklasana biraz," dedi.

"Tamam. Kadın ya da artık kendi zamanının 'Yüce yaratıcısı' kavramıyla 'Ishtar', yüzbinlerce yıldır anaerkil medeniyet dönemlerinin en başından 'erkek özgürlük ihtilali' zamanlarına kadar, kadın figürü olarak hep çıplak...

Erkek egemenliği ise, etkisini bugünkü bilgimizin ışığında ancak MÖ 9000'ler civarında Göbekli Tepe'de göstermeye başlayan bir hareket; ama MÖ 3500-3000'lerde iyice yerleşmeyi beceriyor ve MÖ 2500'lerde de yazıya dökülüyor. Yani anaerkilliğe ve onun sosyal yaşama bilinçaltı katmanları bırakması sürecine göre, daha dünkü 'çocuk!'

O yüzden, günümüzdeki dinlerde tüm ataerkil-pederşahî rit ve ritüellerin anaerkilliğin ve anaerkil dönemin pek çok özelliğini, kalıtımını, idrakine varmadan yaptığı ritüel kopyacılık ve trans pozisyonlarını taşıdığını, konunun araştırmacıları açık açık görebiliyorlar. Freud'un bahsetmediği, ama bizim yakıştırmamızla "sosyo-Freud'çu" diyebileceğimiz tipik bir olgu gözleniyor o zamanlar, nitekim.

Ishtar'ın da Hz. İsa gibi teslisi yani üçlemesi var: Tefrik ve mukayesesini şöyle göstereyim:

Kadın	Erkek
• Ana (Fadi-Me ◇ Pudu Ma	Baba
	(Hititçe = Çocuğun anası)
• Kadın (Dişi-Fettan-Orospu)	Kutsal Ruh
• Gençkız/Çocuk -Fadi-me	Oğul/Çocuk
	(Fetâ-Pedi-Buddha)

Çeşitli etnik ve yörelerde bu özellikleri ve veya karmaları çeşitli farklı isimler alıyor, ama özde hepsi, 'Tek Yaradan Kadın'ın farklı yönlerini izah etmeye çalışıyor. Bugün Baba oğul kutsal ruh dendiği gibi İsa'nın da üçlemesi, Al-Lah'ın da 99 sıfatı olduğu gibi…

İştar'ın MÖ 2300'lerden sonra örtünmesi, kapanması da artık iyiden iyiye yerleşmeye başlamış erkek egemen ritüellerden ötürü diyebiliriz. Tabii bu, olasılıklardan sadece biri. Başkaları da var, ama genel olarak onlar da erkek egemenliğine geçişin ürünleri ve hatta karşı reaksiyonları olmuştur demek mümkün.

Doruk, "İshtar'la ilgili bilgileri nerelerden takip edebilirim?" diye sordu.

"Ishtar'ın neler yaptığı, neler yaptırdığı Robert Graves'in *Beyaz Tanrıça* ve diğer Kibele vb. ile İsis (Azize diyoruz bugünkü Türkçede. Esas kendi Aziz haliyle o da 'erkekleşmiş' vaziyette) inisiyelerine ait kitaplarda takip edilebilir. Başka pek çok etimosembolik açılımının yanı sıra:

Che Bella, 'Ne kadar güzel' de diyebileceğimiz, Kalû Belâ'dan kalma mitolojik hikâyelerinde ve Kabala ve gene Hebele = Gebe (ler) = Heybeli Hübel'den kalma Kıble'ye yönelik namaz kılmakta da bunları takip edebiliyoruz.

Kâbe'nin de etimo kökünde olan 'kob', Hititçede (Neşilice deniyor) 'Kanun' demek. Bugün, 'b'sini 'v'ye dönüştürmüş olarak 'KoVuşturmak' fiilinde kullanıyoruz. 'KOVmakta' da... Mükemmel geometrik biçim Küp–Küb'de; Kübra –Kebir vb. de aynı aileden. Tabii, tersiyle 'kabir' ve 'kubur' da...

Aynı şekilde, Fransızca, Jean Pierre Bayard'ın *Beyaz Bakireler, Kara Dullar* kitabı da İngilizce, Martin Bernal'in *Kara Athena*'sı da bütüne henüz çok uzak, ama gene de bu durumlar hakkında oldukça ışık tutan tespit ve hipotetik yaklaşımlarıyla aydınlattıkları için epey fikir verebiliyorlar.

Arthur ve Camelot Efsanesi'ndeki Hristiyanlığın karşısındaki 'kadîm din –Göl'ün Kadını ve Drüidler hakkındaki kitaplardan da epey bir derleme yapılabilir.

'Erkek' baskısı ve yaptırımlarının başlangıcından beri olan sertliği ve acımasızlığını da göz önüne aldığımızda; 'erkek özgürlük ihtilali de bir 'reaksiyon' olarak geldi, diyebiliriz. O nedenle, erkeklerin reaksiyon gösterdikleri anaerkil dönemin sosyal koşullarının da neler olmuş olabileceğini düşünüp de tüyler ürpertmemek elde değil. Tabii, kötülükleri oranında da iyilikleri de olmuş olmasının son derece 'gerçek' olabileceğini de unutmadan ve gözden kaçırmadan.

Kısaca, anaerkil süreç çok uzun. İnsanlığın ortaya çıkışından tüm evrimlerinin neticesinde MÖ 3000'ler civarında kesinkes oturduğunu görebildiğimiz 'erkek özgürlük ihtilâline kadar 'Yüce Yaradan kavramı' hep kadın...

Onu, O kadın Tanrı'yı, Enuma Elish Destanı'nda da 'Tiamat' yani bugünkü Latince ile *Dea Mad*'re = 'Reis Ana Tanrıça' = Frigce Matar => Toprak Ana> Ma Terra olarak tanıyoruz. Ma yani Latincede anne anlamına gelen ön eki ve kavramı da bizi, 'Ben' in yanı sıra, gene gelenekte Tanrısallıkla özdeşmiş kadın'la ilintilendiriyor. Bugün Arapça'da '*matar*'ın 'yağmur' <> bereket <> su ilişkisine bağ kurdurduğu gibi.

Tiamat'ın, Anadolu kültüründe halen devam eden bir adı da 'Şah Meran'= Anaların ışığı demek. Yılanların anası anlamının da yanısıra... 'Mer' malum filolojik- *linguistic* üç lisan grubunu da içinde barındırabilen, üçünü de büyük bir zenginlikle kullanan yeryüzündeki yegâne lisan olan Anadolu Türkçesinde de *Indo European* kanadı katmanı ile 'Ana' demek. 'Mar' ise, deniz <> yılan, vb.

'Şah ise, 'Işık'ın eski lehçede söylenişi. 'Şıh-Şeyh' de öyle... 'Padişah' demek, ışığın oğlu-kızı / çocuğu demek. (Greko Farsça ile *pedi-i şah*) eskiden Hititçeden (Neşilice) Pudu–ŞA'dan beri.

Örneğin Anadolu'daki en yaygın kadın adlarından biri olan ve Arapça kökenli zannettiğimiz, 'Fatma', PUDU MA'dan geliyor. 'Meryem'in daha sonra doğuracağı gibi, 'Çocuğun Anası' demek... Anadolu-Laz lehçesi olan FADİ-ME aslına daha uygun. Hatta, Anadolu'nun pek çok yerinde sadece Fatma denmez; hep Fatmana–Fatma Ana şeklinde kullanılır. Sonradan muhalifleri onu "Piç'in anası"na "Feta Ana" <> Fitne'ye de dönüştürüyorlar. Bugün her şeyi zaman içinde yaptığımız gibi ters ve aşağılayıcı ifadelere dönüştürerek idrakimiz dışında, çoktan 'Anasının Kızı' da yapmışız onu, ama Hz. Ali'nin karısı, Hz. Muhammed'in kızına ve babaannesine de dönüştürmüş olarak saygıyı da eksik etmiyoruz!

Bugün Hz. Fatma'nın 'İslâmî Batınî'liğin kurucusu ve 'ana tanrıçası' gibi, 'Pîriye=Fêriye'si =*Fairy* (ing.) =Perisi 'olması, hele hele de lâkabının Zehra yani Zühre <> Merküro-Venüs olması tesadüf falan değil...

Geçmişin kaçınılmaz ve gelecekte de tekrarları olacak bir aktarımından başka bir şey değil. Güncel din kitaplarındaki diğer tüm önemli 'ad'ların da tesadüf olmadıkları gibi. Özetle Fatma da Şahmeran da güzel zıtlıklarımızdan biri daha olarak idrakli bilinçlenmemize ve kendimizi tanımamıza imkân keyif ve veri katıyor.

Ana'nın oğluna, benim yaptığım, benim yarattığım ve o nedenle benim metaım, bana ait malım diyerek sahiplendiğine ise, çok çok eskilerden beri Me-Mat <> Memet deniyor gene. <> Benim yaptığım, benim malım, benim Meta'm anlamında. Memet, sanıldığının tersine Hz. Muhammed isminin Türkçede sonradan lehçede yuvarlanmışı değil. Tabii onun da kökeni gene Memet –Memat' a da dayanıyor; ama zamanla ağacın dalları yaprakları zenginleşerek Muhammed'e de Mahmut'a da vb.ye de ulaşıyor. Memet'in özünü 'ananın yaptığı', 'ana'nın 'adili' vb. anlamlarına doğru takip edebiliyoruz.

Kökünü ◇ Eski Mısır'ın '*maat*'ında ve Şahin Horus'la ilişkisinden hareketle Çatalhöyük zamanlarına kadar taşıyabiliyoruz. O 'oğlu' takip edip onun müridi olana da Mematî denmiş zamanında.

Ana'nın kendi doğurmadığı, kendi 'met'i olmayan, ama kızına aldığı kendi dışından, başka bir 'ana tanrıçadan' gelen oğlana da zaten açıkça gördüğümüz gibi, Da-Mat ◇ Ta-Mat ◇ Tanrı'nın yaptığı, benim olmayan, benim dışımdan gelen, senin yaptığın, oğul diyoruz hâlâ.

Oğlum birden gülmeye başladı, "Aaa ne komik!.. Damat! Başka tanrıçanın oğlu... Senin oğlun; çok hoş ve ne kadar gerçek!" Doruk'un gülüşü hepimize bulaştı, bir süre güldük... Sonra Gürhan Bey lafa girdi: "Kelimeler her zaman en önemli gerçeklere uzanan ve geçmişi aydınlatan ipuçları. Mâmat– damat da bunlardan biri…"
"Evet," diyerek bilgisayarımdaki **fotoğrafı** gösterdim ikisine de.
"Burada, 'ölümsüz' 'enik' yani yukardan inen tanrısal oğlunu doğuran 'yıldız' tanrıçanın Çatalhöyük'ten bir fotoğrafı görüyoruz. Bu kuş çocuk, ilerde büyüyüp önce Eski Mısır'ın Şahin Horus'u (Horoz) olacak, sonra Horustos-Hristos (İsa), sonra da Kafkas Kartalı Şeyh Şamil... Telefon rehberlerindeki en yaygın soyadı olarak

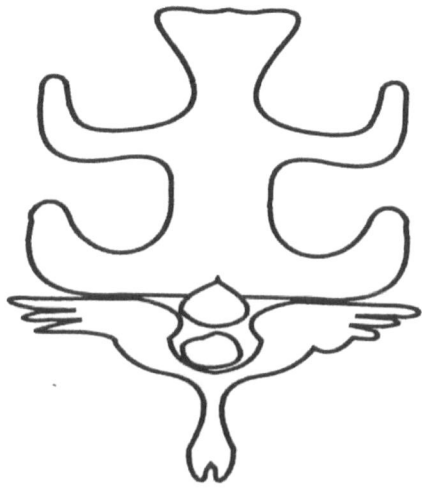

Şahin ve Şahinbaş adlarıyla da günümüzde, 'Orta Asya'dan' gelmemiş olduğunu ispat eden yaşamını sürdürecek. Bir çeşidine de zaten Mısır'da ve diğer güneş kültlerinde, güneşi de temsil ettiği için 'Doğan' da denecek. Aynı Çatalhöyük'te de 'doğduğu' gibi. Ama büyüyecek ve anasını dölleyen, kendinden ezoterik anlamda ölümünden sonra kendini de doğurtacak olan 'Uhrevî'=Uçucu Osiris ◇ İdris ◇ Oğuz Ra da olacak.

Karısı da Hz. Meryem'den çok önceden beri arkeolojik buluntularda gördüğümüz Uhre'den döllenmiş, 'Yıldız' kadın. Yani diğer adları ile Hathor – Ishtar – Mecdelli Meryem vs.

Horus-(tos) ve Hıris-tos ilişkisinin farkına varmak da zaten, tefekkür edilecek olursa o kadar zor da değil.

"Çok şaşırtıcı ve bir o kadar da aslında gözümüzün önündeymiş. Peki niye farkında olamıyoruz bu basit gerçeklerin?"

"Haklısın Doruk, ama sanırım günlük yaşam gailesi başta geliyor. Bir de eğitim sistemimiz tefekküre yöneltici değil artık. Tek cevaplı 'bu budur'a yönelik bir eğitim sistemi var. Adına bilimsel metodoloji diyerek; bilim kitaplarını, din kitapları gibi kutsallaştırma ve dokunulmazlaştırma tuzağına düşürmüş bir eğitim sistemi var. Böyle bir sistem de öğretmenlerin, hocaların, akademisyenlerin söylediklerini tefekkür etmeden tartışılmaz doğru kabul eden, inanca yöneltici örf ve âdetler oluşturarak insanların geniş çaplı ve çok yönlü düşünmelerini, tefekkür ederek gerçeklerin farkına vardırmalarını kısırlaştıran bir süreci otomatik olarak işletiyor sanırım," dedim.

Nitekim ilim ile maarifin yol ve yöntemleri birbirine zıt ve farklı. İlim, 'bu budur'cu olmak zorunda. Oysa Ariflik yolu tam tersi... Bilinmeyeni, "bu budur "un ötesine geçerek tefrik ve idrak etmeye dayanıyor. Diğer bir deyişle ister akademik ister dine dayalı olsun, ilim irfansızlıkla yetinebiliyor, hatta bunu istiyor çünkü kendini emniyette hissediyor. İrfan ise ilimi sadece yürümeye başlamanın olması gerek ilk adımı olarak gerekli gördüğü için ele alıyor ama sonra onun üstüne çıkmaya başlıyor. Bu da ilimcinin bilim adamının işine gelmiyor. İnsanlardaki ego ve yönetim erkini sürdürme dürtüsü bunu frenliyor gibi görünüyor. Tefekkür ve farkına varış bilim öğreniminden ayrı süreç ve idrak adımları gerektiriyor. O da bilim adamına, 'doğrudan kendi başına, inisiye bir rehberi olmadan yaklaşırsa' doğal olarak zor geliyor ve yoldan saptırıcı, caydırıcı olabiliyor–oluyor –olmuş, bu gidişle genelde de hep böyle olacak gibi…

Tabii bir de bu olguların idrak edilmesinden korkan ve mevcut düzende 'inançlı' sayısının fazla olmasını tercih eden, her ülkede egemen, bir yönetici kesim de var ve tarih boyunca da hep olmuşlar. Onlar hangi dinden olurlarsa olsunlar, bu idrak ve şahsî iman olgusunun ortaya çıkmasını tercih etmiyorlar gibi görünüyor, kendilerince haklı ve gerekli addettikleri ekonomik menfaat ve nedenlerle.

Milliyetçiler de bugün çokuluslu olarak farklılıklara ayrılmış aynı ağaç dallarının ortak kökenlerinin kendilerini etkilemiş olmasını duygusal nedenlerle kabul etmek istemiyorlar. O yüzden de açığa çıkmalarından hoşlanmıyor hatta engelliyorlar, uyduruk geçmiş hikâyeler oluşturmayı tercih ediyorlar diyebiliriz. Tefekkür edince daha başka doğal etkenler de tefrik edilebilir; neyse biz kendi yolumuza bakalım," diyerek devam ettim:

"Evet, bu Ishtar anamız tüm yaşamı süresince bugün egzoter[18] ve

---

[18] Egzoter Ezoterin tersi yani bize kendi dışımızdan verilen ruhumuzu ser'imizi dışarıdan formatlayan demek. Dersler – ilim - bilim – dinsel öğretiler – nasihatler – azarlar vs gibi. Ezoter kendi içimizden kendimiz tarafından tefekkürle tefrik ve idrak sağlayarak irfana yönelten egzoter se bize dışarıdan verilen öğretilen öğrenilen. Kendimizden bir şey katmıyoruz kendimizde özümsemeyi gerektirmiyor hatta o yolu kapatıyor köreltiyor

güncel anlayış ve kabul edilmiş ahlak normları açısından, 'edepsizlik-sapkınlık' diyeceğimiz; ama aslında ezoter açıdan 'kemaliyetinin', inisiyatik yol haritası olarak tefrik edeceğimiz pek çok şey yapıyor... Ne var ki, hakkındaki idrakimizi 'egzoter' vasıflarıyla oluşturuyoruz önce. Ezoterini, sonra, becerebilen, idrak edebilirse, ediyor.

Ishtar son derece özgür ve bir o kadar da güçlü hem acımasız hem de sevgi dolu bir kadın... Herkesi parmağında çeviriyor. Tıpkı Her şeye Kâdir Al-lah'ın bugün yaptığına inanıldığı gibi. Hatta, erkek özgürlük ihtilâlinden sonra bile, fettanlığına günümüzde de devam ediyor diyebiliriz. Öyle bakmayın, anlatacağım bunu da...

Grimm Kanunları[19] mucibi f/p harf zaman içi değişimiyle fettana yani feta'nın, pedi'nin anası <> putana= (bugün aldığı anlamla 'Orospu') olur zaten. Oysa Putana da özünde, 'Çocuğun Anası' 'Pedi Ana' 'Feta Ana' demek. 'Fettan' anlamını almış ses kavram da aynı bu sülaleden. Bunları adlanmış ve rakiplerince suçlanmış olarak yakın tarihte İsis-Horus ve Hz. Meryem-Hz. İsa'da da gözleyip takip ediyor, ama şeklen, buluntuların karşılıklı iletişim paralellikleri ile MÖ 7500'lerde Çatalhöyük'ten hatta belki de daha eskilerden beri var olduklarını arkeolojik buluntulardan tefrik ve idrak edebilip farkına varıyoruz.

---

[19] Grimm kardeşler sadece Hint-Avrupa dillerde yapmış bu tespiti ve kanunu oluşturmuşlar. Bense bu kanunun her üç ana dil grubu ve hatta dalları budakları için de geçerli olmaktadır diyorum.

Fotoğraf, Çatalhöyük Ankara Anadolu Medeniyetleri Müzesi'nden.

Ishtar'ın yaptıklarını teker teker araştırıp bulup dökmek ciltler tutar. Tüm tefekkürlerin ve neticelerindeki sembolik seyahatlerin kitaplara aktarılması çok zengin sonuçlar verecektir. Örneğin en önemlisi bizi ta, Vel Bas-ü Bad el Mevt yani ölümden- hemen sonra reenkarnasyon ve ruhun ölmezliği, vb., yaklaşımlarına, kadar taşıması olacaktır diyebiliriz.

Kutsal *'Bible'*[20]'da da onu hem Lilith hem de Havva anamız olarak buluyoruz. Bab-El de dikkat edersek adını *Babil*'den alıyor; Kudüs'ten falan değil, 'Bab' da kapı demek; *Bible*–Babil de zaten İlah'a açılan kapı anlamında. <> Baba El – Baba İlah ilintisi ile de erkek tanrı imajlı bir ses/kavram. *Bible*–Kutsal Kitap, Havva Anamız dediğimiz munis mütevekkil kadınından önce Adem'in karısı olan Lilith tasvirine kadar taşıyor bizi. Tabii ikisi de aynı şey ama 'erkek' hem arzuladığı hem de karşısında ödü patladığı, güvenip de korkmadan sevemediği öteki özgür ve fettan kadını 'ayrılaştırmayı' tercih etmiş işte...

---

[20] İncil: Bible ve İncil farklı şeylerdir Biz eksik bilgi ve tefrik ile aralarındaki farkı idraki unutmuşuz Bible'a İncil diyoruz. O ayırım da kadın erkek ve ruhani ilah kavramlarının kavgalarının sonucunda ortaya çıkmış birbirlerinden farklı adlar Bible Bab – El yani ilah kapısı .<> Babil kökenli de diyebiliriz. Ruhani ama erkeksi <> Baba El !. Buna karşın Evangile = İncil = Havva Ana Gil <> Angel <> İncila vb kadınsı. Kadının geri gelişi. Hristiyanlığın başında 400 sene Meryem yok zaten, Orthodoxların Bible'ı – Old Testament'i var. MS 400'den sonra Katolisizmle Meryem <> Kadın geri geliyor ve Yeni Ahit <> Evangile okunup <> Havvanagila oynanmaya başlanıyor.

Bugün de Leyla diye Lilith'in ardından Mecnun gibi dolaşıp *Leylîm Ley Ah Gecelerin kadını, Ya Leylî- Yalelli* diye ona hâlâ ağıt yakıyoruz.

Erkek, evdeki Havva'yı kapatıyor, dışarıda ya da hatta gönlünde, gene de kendine tâbi bir 'Lilith' aramayı, dolayısıyla da kendi mutsuzluğunu arttırmayı sürdürüyor. Neyse buradaki konumuz erkeklerin arkaik ve güncel psiko travmaları değil. Her ne kadar türbanın oluşumunda o travmaların da rolü çok çok fazla varsa da..."

"Biliyor musun baba, sen anlattıkça tahmin edebiliyorum, tam olarak henüz net bir görüntü sağlayamamış olsam da" dedi, Doruk.

Sonra telefonu gene zıngırdamaya başlayınca teknenin ta öteki ucuna seğirtti. O, konuşmasını biz duymayalım diye uzaklaşmıştı ama benim bu telefona müteşekkir olduğumdan haberi yoktu tabii, konu hafiften onun yaşını aşacak seviyeye gelmiş olabilirdi belki de. Gürhan Bey'le rakılarımızı tazeleyip kadeh tokuşturduk. Sonra ben anlatmaya devam ettim:

"Ishtar'ın çok önemli birkaç, 'günahı' diyelim ya da demeyelim; ritüelik uygulamaları var. Hani bildiğimiz dinlerden öncesi toplumlara, 'bize göre, ya da günümüzün çoğunluğunun anlayışına göre ahlaken tefessüh[21] etmişler,' diyoruz ya... İşte o türden uygulamalar... *Da Vinci*'nin şifresinde tarif edilen kadın erkek çiftleşmesi–Kutsal Kâse'yi doldurma gibi ritüellerden ya da Kamboç-Hint mabet yontularından da bildiğimiz türden 'Tao'cu seks ve Kama Sutra'ya dayalı tapınım biçimleri içeren' bazı şeyler yani...

En masumanesiyle her gün en az 40 erkekle sevişiyor... Her birinin günde 5 rekât ona ibadet etmesi, yani 5 rükû ve secd yapması şart ...'Farz,' 41'inciye, zaten, Ma'şallah diyorlar ve o kişi, o gecenin 'seçilmiş' kocası, erkeği oluyor. Erkek özgürlük ihtilâlinden sonra, aşık atmak ve intikam almak isteyen 'erkek', kapasitesinin sınırlılığı gereği sayıyı 4'e düşürüyor, ama kadının kapasitesi karşısındaki en büyük komplekslerinin de doğal temelini böylece bize aktarmış oluyor.

Bu 41 kere Maşallah, daha sonraları Eski Mısır'da *Ölü'nün Kitabı*'nda, Ölüler Meclisi'ne kabul, Taharrüs–Tegarrüs, Te Horus, Horus Kardeşliği mertebesine yükselme töreninde de uygulanan bir uygulama haline geliyor. Kabul edilecek aday 42 kişinin teker teker sorularına cevap verip onların onayını ve önceki, hariçteki hayatındaki davranışlarının takdiri olarak, 'Maş'Allah'ını alıyor. 41 Maş'Allah kabul için yeterli oluyor. Orada günümüzden farklı olansa, kabul edilecek kişi, kendi bilincini ve idrakini ortaya koyarak, 'Şunu yapmadım, bunu yapmadım, vb.' gibi ifadeler şeklinde kullanıyor.
Bu husus sonradan, günümüz dinlerinde, bu bilinçli idrak ve kişinin

---

[21] Tefessüh etmek: Bozulmak, alçalmak iflas etmek çökmek. Ortadan kaldırma anlamındaki Fesih, ailesinden bir kelime

kendi kendini ve vicdanını kendi iradesi ile geliştirmiş olup olmadığı aranmadan; tersine, yukardan, kişinin kendi dışından gelen; 'yapmayacaksın etmeyeceksin' tarzı, nedenlerinin özleri idrak ettirilmeyen ve dolayısıyla da işe yaramayıp insanı kendi içinde insanlığı ile çelişkide bırakarak strese sokan ve kendi kendine yalan söyletip riyaya sürükleyen bir hal alıyor.

Muhtelif, Tasavvuf, Bektaşi, Ahi, Fütüvvet dergâhlarına kabul ritüelleri de incelendiğinde, sanırım bununla ilişkili karşılıklı iletişimde bazı uygulamalar da kolaylıkla bulabilir, ezoter mirasa ulaşacak ipuçlarını da ele geçirebiliriz.

"Evet, bu çok önemli bir fark... İnsanın öz idrakiyle kendinde olabilecek hata ve kusurları kendisini idrakle sayması ve benliğinde bunları yapmadığını ifade etmesiyle bu sapmaları yukardan ya da benliği dışından başka birinden emir gibi alması arasında gerçekten de büyük bir sosyo-psikolojik travma farkı var, "dedi Gürhan Bey.

O sırada, Doruk tekrar gelip yanımıza oturdu ve "Kaçırdığım bir şey var mı?" diye sordu.

"Sayılmaz!" dedim. "Aynı Müslim–Teslim farkının neticelerini işte burada da görüyoruz nitekim. Tabii Mısır'dan sonra bu bozulma '10 Emir le başlıyor, Aristoteles'le Atina'dan geçerek Teosofi =Tasavvufa yerleşip oradan Hristiyanlığa sonra da Müslümanlığa geliyor... Her dönemde de bu omuzlara yüklenen yükler gitgide ağırlaşıp idrak ve irfanı köreltiyor, insanı kendine karşı riyakârlığa ve kendine yalan söyleyerek vicdan rahatlama oyunu oynamasına yol açıyorlar. Neticede amaçlananın tersine, en başta kendine riyakâr, ikiyüzlü, Fransızcası ile hipokrit bir tip çıkıyor ortaya. Gemisini kurtaran kaptan kimliği 'felsefesi' genel kabul görüyor.

Bu gerçeğimizi de vurguladıktan sonra, Ishtar'ın yaptıklarına devam edelim," dedim.

Ishtar her sene, cemaatinin lideri yani papası olamayacağına göre, Mama'sı Ece'si, Hacıye'si, Hera ◇ Hayriye'si olarak haziran ayında kabilesinin en yakışıklı, en güçlü, ya da gönlünün çektiği, kabilenin de onayladığı erkeği seçiyor. Temmuz ayında kendini ona damız'latıyor ve bu erkek, 'dumuzî' adını alıyor. Adının Sümer dillerindeki bir yazılımı da 'tammuz' zaten. Bu erkek, 'kral' tanrıçayı *taammüden* ötekilerle beraber, domuzlar gibi, durmadan 'damız'lıyor. Tanrıça, ağustos ayında 'hamile kalıyor' Hebele=Kibele=Heybeli=Habala=Hübel oluyor. Heybe kavram/kelimemiz de buradan geliyor. Bolluk, varlık, içinde bir şeyler taşıdığı için şişmiş anlamında.

Bakara-Kutsal İnekler suresi ve günümüzde ömrünü artık Hindistan'a kopya transfer olmuş olarak devam ettiren, Mısırlı İsis/Hathor resimleri de bu ilişkileri bize meallendiriyor. 'Hazret' kelimesinin kökeninde de bu 'Hatır'lı Hathor Anamız var dikkat edersek... Arapça "z" sesini zaten "d" olarak okuyoruz.

Hazret-i Meryem'in de bir lâkabı Hadıra'dır nitekim. Bugün Akdeniz kıyılarımızdaki Hristiyan vatandaşlarımızca hâlâ kullanılan bir ifadedir. Hazır, Hızır, Hıdır da 'akraba' ses kavram/kelimeler olarak oluşmuş zaten. Hazret; Hathor'ca seçilmiş demek. Hathor da Batı'da azize Catherine olurken, bizde 'kader' kavramı şeklindeki ezoterik anlamını da koruyor.

Resimde İnek Ana İsis/Hathor ve önünde oğlu/kocası 'Şahin Horus' görülüyor. Aralarındaki ilişki Meryem ve Mecdelli Meryem (Maria Magdalena) ilişkisinin tıpkısı bir sembolik paralellikte demek mümkün.

Daha sonra bu ezoter sembolik ifadenin özüyle yakından uzaktan ilgisi olmayan 'inançlı' egzoter idrak ve sosyal zan uygulamaları, bizi bugünkü Türkçede 'edep'e dönüştürdüğümüz ana ile ilişkide bulunmak günahtır, dedirten 'Oedip-us'a ve maceralarına kadar getirecek. Edep'e dönüştürdüğümüz başka bir ad yazılımı da 'Aisop-os.' La Fontaine öncesi *Ezop*'tan 'edepli' nasihat masalları diyoruz ya, işte o Ezop, bu 'Aisop-os.' Osmanlı İmparatorluğu kurulurken de Osman ◇ Ottoman ◇ Hattiman adlı kültür katmanındaki bilinçaltından geri gelen 'soylu adam', Osman-*Othman* Gazi'nin kayınpederi Şeyh Edeb Âlî=Yüksek Edep=Güneşçil Tanrısal Edep oluyor. Daha önce de söylediğimiz gibi Âlî =Yüce kavramı da Ali ismi de Helios–Hal (Hel)=Güneş Tanrı'dan gelen türemiş kavram ve isimler.

Doruk, "Çok hızlı seyahat ettiriyorsun," diye beni durdurdu. "Sen antrenmanlısın ama bize de düşünme ve algılama zamanı bırak lütfen," dedi. "Hem senin kullandığın bu 'kültür katmanları' birikimine henüz sahip değilim, o nedenle bırak da biraz dinlenelim ve ben de birkaç gün şu Oedipus–Ezop–Edeb Âli üzerine bir şeyler okuyayım," deyince ben de birden, "Bak" dedim. "Çoğunu okudun aslında, ama sana gene de zamana yayarak ve okuduklarının kulu olmayıp sindirerek, kendi bildiklerinle ilişkilendirip idrak hacmini geliştirebileceğin kitaplar önereyim istersen?" dedim.

"İyi olur, böylece seni takip edebilmek için senin gibi ifade edecek olursam, idrak ve irfan malzemem çoğalabilir," deyince hepimiz gülüştük.

"Kanımca en önce, en doğru bilindiği zannedilen ve elimizde fazlaca yazılı malzeme olduğu için iyi bildiğimizi zannettiğimiz Greko Romen dönemde, farkına varmadıklarımızda ilk uyanışı yaratan Halikarnas Balıkçısı lakaplı Cevat Şakir Kabaağaçlı'nın *Hey Koca Yurt ve Altıncı Kıt'a Akdeniz*'lerinden başlamakta yarar olabilir." dedim

Greko Romen dönemin hazırlayıcılarına merak ve idrak başlayınca, hem Ankara'daki Anadolu Medeniyetleri Müze'si gezilmeli hem de arkeolojik buluntuların, çağlar ve medeniyetler değişse bile nasıl aynı kaldıklarını karşılıklı sembolik ilişkiye dayanarak görebilmek için hem oradaki eserlerin kitapları edinilmeli hem de Louvre British Museum Berlin gibi önemli Anadolu koleksiyonları olan müzelerin kataloglarını da tedarik etmekte yarar var.

Bu aşamada dikkat edilecek en önemli husus, bu eski tanrı, şehir, yönetici kral, kahramanlar vs. verdiğimiz isimlerin yöresel ve güncel isimlerle ses uyum ilintilerinin incelenmesi ve bunların o dönemde farklı milletler, halklar kavimler, ırklar vb. olmadıklarını idrak etmekte. Bu isimlerin daha ziyade inanç farklılıklarından ya da ekonomik farklılıklardan ve üretim tekniklerinden edinilen isimler olduğunu görebilmekte. Malum milliyetçilik Fransız ihtilâlinden sonra ortaya çıkmış bir kavram ve bir "cilik-izm."

Daha sonra ilk başlarda ana tanrıçanın temelde ve öncede olduğu idrak edildikten sonra, Robert Graves'in *Beyaz Tanrıça*'sı, George Frazer'in *Altın Dal*'ı Joseph Campbell'in *Tanrının Maskeleri* serilerini tavsiye edebilirim.

MÖ 5000- 3000'ler arası evrimleri idrak etmeye başladığımızda Anadolu-Doğu Anadolu çapını Mezopotamya'ya kadar uzatmakta yarar var. O zaman Samuel Noah Kramer'in kitapları oldukça ışık tutucu olacaktır. Ne var ki nasıl Çatalhöyük ile geçmişi gibi varsayılan Göbeklitepe ve Çayönü, Nevali Çore ile günümüz arasında ilintiler kurarak tefekkür etmek gerekiyorsa; gerek 5000-3000 arası, gerek Hitit/Hurri dönemine kadar süren MÖ 1200 lere kadar olan dönem incelenirken de Mısır Mezopotamya ve Anadolu'yu sürekli karşılıklı ilinti ve ilişki analizinde tutmakta yarar var. Tabii geçmişi ve günümüzdeki halini de göz önünde bulundurularak.

Bu dönem için okunacak en önemli kaynak Enuma Elish Destanı. Anaerkillikten pederşahîliğe geçiş hakkında önemli bilgiler sağlıyor. Diğer bir kaynak da Mezopotamya teogonisinin evrimi tabii. Enki–Etana ve sonralarına etkileri vb. Mısır'da ise, tüm antik Mısır bir bütün zannedilmemeli. Her hanedan, hatta her firavun değişimi aslında pek çok inanç evrimi ve ileri geri gidişler içeriyor. Bunların derinlemesine incelenerek farkların ve evrimin zamandaki spiralik dönüşlerinin tefrik edilip meydana çıkarılması gerekiyor.

Bu üç bölge bahsettiğimiz zaman dilimlerindeki yaşadıkları ve evrimleri, bir yanda aslında Hurri'likle başlayan Greko Romen dönemi hazırlarken öte yandan Yahudilik ve sonrasında Hristiyanlık ve mezheplerinin en son da Müslümanlığın hazırlayıcısı oluyorlar diyebiliriz. İşte alakasızmış gibi görünen bağları çıkarabilip tespit edebilmek, temel sorunlara çözüm bulmayı kolaylaştıracaktır sanıyorum.

"Bu konuda gene en temel başvuru tefekkür tetikleyicilerden biri de Mircea Eliade'ın *Dinler ve Düşünceler Tarihi* adlı 3 ciltlik ve devamı olan kitaplarıdır diyebiliriz. Jean Pierre Bayard'ın *Kara dullar* ve **Beyaz Gelinler** kitabı da bana kalırsa mutlaka Türkçeye çevrilmeli.

Daha bir üst çaplı halkada tefekkür için se Raoul Berteax'nun *Sembolik Yol*'u ve *Sayıların Semboliği*" senin gibi Fransızca bilmeyenler için Türkçeye çevrilmeli bence...

***

Böyle böyle aradan birkaç ay geçti. Teknenin, denizin, denizaltının o büyüleyici ortamının tadını doyasıya çıkarttık; desem de inanmayın, insan maviye doymuyor! Fotoğraf çektik, dolaştık, eğlendik. Ben dostlarımla, o arkadaşlarıyla zaman geçirdik. Bunlar olurken okumaya ve çalışmaya her zaman olduğu gibi devam ediyordum elbette. Yazın bitmesine daha vardı, hava mis gibiydi. Doruk, geceleri odasına kapanıp bir şeyler okuyordu sanıyorum, ama bir yorum da yapmıyordu doğrusu?..

Bir gün oturmuş sohbet ediyorduk ki, parıldayan gözlerini aniden bana dikip, "Artık, İştar'ı tanımaya devam edebilirim sanırım baba," dedi. Şaşırmadım desem yalan olur.

"Hımm, dur bakalım düşüneyim biraz... nerede kalmıştık hatırlayayım?" dedim.

"Tamam tamam, damızlık Tammuz'a geri dönelim o halde. Döllediği belli olan "damızlık" erkek, bir sonraki ayda *August* yani Ağustos= Yüce oluyor…" diyerek, direkt konuya girdim ve hafif şaşkın bakışlarına aldırmadan devam ettim: "Amaaaaa işte, sonbahar- eylül geliyor ve bu erkek 'Tanrı' törenle kurban edilip öldürülüyor… Eti ve kemiği çiğ çiğ yenilip kanı içiliyor. Töre böyle o zamanlar. Hiçbir erkeğe mutlak ve kalıcı güç vermiyor kadın yönetici. Aynı ritüeli ilerde zamanda aktarım ile ama çok masumlaşmış ve medenileşmiş haliyle Hristiyanların *Eucaristie*'si yani kilisedeki tören sonunda İsa'nın kanı ve eti diye şaraba batırılmış ekmek dağıtımında görüyoruz. Amaç, o yüce kahramanı, Tanrı'yı benliğinin içine alıp onunla bütünleşmek, onu kendinde ikame etmek, benlik yüceltmek olarak yorumlanıyor.

"Bu arada, biz, Musevîlerin kitabına Tevrat dediğimiz için, gene idrak etmeyip harf devriminin sonuçları nedeniyle düz okuduğumuz için de Torah'nın "Töre" olduğunun da farkında olanımızın sayısı çok az. Torat = Tevrat = Töreler demek. Torah "TEKil" = Töre Bu Töre'nin de gene Turan'ın Töre si olduğunun farkında olansa nerdeyse hiç yok. Bugün en fazla Torahcı düşmanları da kendilerinin Turancı olduğunu iddia edenler.

Tabii aslında bu düşmanlık, tamamen temelsiz değil, ama Müslümanlık ve Yahudilikle alâkası yok. Malum Yüce Öküz Boğaç Tauric Türkün altın heykelini ilk kırdıran Hz. Musa…

Tabii bu boğa inancı Hristiyanlıkla ta Galile'ye kadar yaşamaya devam ettiğine göre Musa'nın ne kadar köklü etkin olabildiğive radikal bir etki yaratabildiği de ortada.

Neyse biz Boğaç'ın anasına geri dönelim. Bu arada 'hamile', 'Tanrı'nın oğlunu doğurmaya hazırlanan kadın 'sevişmeyi durdurur' kocakarı âdeti de yaygınlaşıyor ve de basıyor baş rahibemiz Ece

Mama Yalelli Türkülerine; Yaleyl = Yeli bol "eylül" ayında... (Ya Leyl = Ey Gece! *demek. Işıksızlığa ağıt olarak.*)"

"Aaa eylül ve yel ilişkisini hiç fark etmemiştim bugüne kadar," dedi Doruk.

"Evet; eylülde hem yel hem de leyl yani gece kökü var. Bu arada yel kelimesini yeni Türkçe sanan çoğu kimse bunu, Farsçanın rüzgârından kurtulmak için TDK'nin oluşturduğunu, ihdas ettiğini sanıyor. Oysa, 'eol' yani ses okunuşu ile yel, Grekçe konuştuğumuz zamanlardaki Rüzgâr Tanrısının adı. Bu rüzgârdan elektrik üreten pervanelere de *eolien* diyoruz ya, işte onlar da bu 'eol'den gelen yelleyenler demek. İbranice konuştuğumuz zamanlarda ise, 'günümüzdeki yazılımla' onu 'gael' olarak yazıp 'g' sesini 'y' ye yakın bir sesle çıkarıyorduk gırtlağımızdan. Grimm Kanunu'na göre y ile g akraba, karşılıklı iletişimdeki sesler ve toplumlar arasında yörelere göre aynı kavramları oluşturan kelimelerde kullanılabiliyorlar. Örneğin Galya ve Galata; Yeli Bol, dalgalı suyu olan yer demek Yalta da aynı. Galatlar da 'her şeyin dalgalı olduğuna inananlar' toplumu anlamında diyebiliriz. Halat yani dalgada gemiyi sabitleyen kalın ip de gene aynı kökten.

İlim (*science*) de tamamen osilasyona, yani dalgalanmaya dayalı malum. Kadına da dalgalı oynak kancık diyen erkeğin işine gelmiyor bu durum ve ona gene Galat=Bozuk diyerek karşısına dünya ve evren yuvarlak olduğu için ve bu 'gerçekten' kaçınılamayacağı için de mümkünatı olmayan idealist ülkücü bir kavram olan 'doğru' luk– 'düz' lük kavramını ve de uzantı ve neticelerini getiriyor.

"Hahahahaha," diye kahkahalarla güldü Doruk. "Yuvarlaklık ve doğrultu deyince insan vücudunda nerelere seyahat ettim birden nerelere!"

"Evet hayatım; Tanrı insanı kendi suretinde yarattı diye boşuna denmemiş ya da İnsan = Evren = Mabet ilişkisi de hep söylenmiş. Dolayısıyla Yüce Yaradan'ın her sırrı aslında sembolik yol çalışma tarzı irfanlı ve idrakli bir şekilde kullanılabilirse sadece insana bakarak çözüle bilinir; Bunu idrak eder düzeye geldiğinde Annick de Souzenel'in 'İnsan Vücudunun Semboliği' kitabına da onu Türkçeye çevirttirerek eğilmeni tavsiye ederim. O da çok uyarıcı ışıklar tutuyor, tefekkür şimşekleri çaktırıyor. Neyse Hadi gene Ishtar'a dönelim," dedim.

"Lilith gitti Havva geldi zannedenlerin de aklına, idrakine 'Leylâ=Gecenin Ece'si ismi falan gelmiyor, gelemiyor her nedense? İngiliz araştırmacının bunu *Laylith* olarak okuduğunu duymuş olsalar, leyl ve leylî kelimelerimiz ve 'gecelerin kadını' kavramlarımızla belki farkına varıp idrak edeceklerde, o kelimeleri ve zenginliğimizi kendi kendimiz Türk Dil Kurumu ve 'Türkçü' zannedilen politikalar asimilasyonlar eliyle kadükleştirdiğimiz için, o kapıyı gene kendimizin kapattığını göremiyorlar işte…

İncelemiş olanların bilebileceği gibi Ishtar, kocasını aramak için 'cehenneme' bile inip 'tanrılara' meydan okuyor. Töreye ya da ezoterik sembolik ile düşündüğümüzde kendi koyduğu kurallara meydan okuyup onları yıkmak istiyor. Tıpkı insanın fıtratında olan kendini de yıkan yok eden 'isterik' dürtüleri gibi.

Daha sonraları 'erkek'leşmiş Grek mitolojimizde aynı işi erkek Orpheus-Orfe 'ye ◇ 'örf'e yaptırıp kendini tanımak ve geçmişten gelen dürtülerini, bilinçaltını ◇ Ard ışığını ◇ Eurydice – Evridiki'yi [22] bulabilmek amacıyla gene cehenneme indiriyoruz

---

[22] Evridiki : https://tr.wikipedia.org/wiki/Evridiki_(mitoloji) Tabii burada sembolik ilinti insanın kendi kendini hiçbir zaman tam olarak tanıyamayacağının vurgusu. Bunun da en büyük engeli gene muhtelif, katman katman duvar örmüş olan örflerimizin bizzat kendileri. Evridiki'yi öldüren yılanla Adem ve Havva'nın yılanıyla ve cennetten kovulmaları ile de karşılıklı ilinti kurmak ufkumuzu daha da genişletecektir.

Bu cehenneme, mağaraya, mezara, labirente, vs., canlıyken inişler ve geriye canlı dönebilme becerileri, ezoter, kendini bilgeleştirme, irfana yönelme ritüellerinde evrensel düzeyde her kültür ve dinde, mezhepte, tarikatta, aynen varlığını sürdürüyor.

Özetle, aynı şeyler anlamına gelen 'örf', kelimesi Eski Grekçe, töre de İbranice konuştuğumuz zamanlardan, ondan öncesinde de Anadolulu, Çatalhöyüklü Turanlılığımızdan Boğa Tanrı'ya inanıp kendinin Boğanın-Öküz 'ün–Oğuz'un– Boğaç'ın Taurus'un Toros'un soyundan geldiğini sanan tarihteki ilk gerçek Türklükten geliyor diyebiliriz.

İshtar'ın Yalelli'sine dönersek arada kalan ayların adları için, geçmişe yönelik ipuçlarını karıştıracak şekilde zaman içinde manipüle edilmişler demek mümkün. Şubat ve mart hariç. Konumuz, ayların adının kökenini tespit değil elbette şu anda. Ama bu da ilginç olmaz mıydı sence? Darısı başka bir sefere ya da *Bildiklerimiz Historia mı- Hysteria mı?* Başlığı ile yayınlamayı düşündüğüm kitabıma...

Kış sessiz sakin geçiyor ve temmuz/Ağustos'tan itibaren 9 ay 10 gün sonra Nisan 'Nesans', 'Nisa' ayında baharla birlikte tanrıça da doğuruyor... Yaşamla yeniden 'barış' ve mutluluk yani ilerde *Pasqua* = Paskalya olarak günümüze zaman içi asimile aktarım yapmış olduğumuz kutlama bayramı tesis ediliyor. Doğa yumurtluyor, yeni doğan "*Kama Sutra*" cı uygulamaları ile meşhur tavşanlar 'işbaşı' yapmaya hazırlanıyorlar.

Mayıs ayında yeni ışığını, logos'unu = lux'unu = ışığını; lah'ını = öz 'ünün Nur'unu ortaya koyup logusa'lığını tamamladıktan sonra kadın yeniden, 'ay' başı olup yeni Maji'sini, yaratım büyüsünü, yani mayalandığını tekrar ortaya koymuş oluyor.

Bu noktada dikkat edersek, yukarda söylediğimiz, kelâm logosla ışık lux–logos' la üst üste biniyor. İkisi de evrensel gerçek olduğu için, insanoğlu her ne kadar ışıkçı sesçi (Yunan ve sesçi; Fos-Hyksos) savaşlarını yaşamışsa da logos <>Al-lah kelamı zamanlarına vardıklarında vahdette bulunmaktan kaçamamışlar diye tespit edebiliyoruz.

Prof. Veysel Batmaz'ın *Atlantis'in Dili Türkçe*[23], kitabına atıf yaparak, 'Bu konuda, Osman Karatay'ın, *Bey ile Büyücü*[24] kitabındaki, Mag'lar, Macar'lar, Maji, Med, büyü, bey arasında etnoetimolojik bir incelemesinden söz etmek yerinde olur. Bu çalışma ile benim çalışmalarımı karşılaştırmak önemli ipuçları sağlayacaktır. Bu tür araştırma ve tefekkür çalışmaları ülkemizde zenginleştikçe, Türkiye'de Anadolu-Mezopotamya-Kafkasya-Balkanlar-Mısır'da on binlerce yıldır her zaman doğudan gelenlerle kaynaşarak yerleşik yaşayanların kendi evrim ve örfler töreler korunarak inanç değişim hikâyelerini, bu topraklarda şu anda yaşayanların güncel evrimlerini yaşadıkları gibi dinleyecekleri, gözleyebilecekleri, idrak edecekleri zamanlar da gelmeye başlayacaktır. Bu başlangıcın bilimsel ön tarihi ise Mustafa Kemal'in Güneş Dil Teorisi'nde yatmaktadır. Karatay, Türkçenin kökünü Zagros Dağları ve Dicle Fırat arası yörede tespit etmektedir,' Ben de buna ilaveten, 'daha da eski olmaları nedeniyle Çatalhöyük hatta Göbekli Tepe ile birlikte Anadolu olmasını gerçeğe daha yakın olarak idrak ettiğimi, sanıyorum,'

Doruk "Tüm insanlık kültür evriminin kökeninin Anadolu–

---

[23] *Atlantis'in Dili Türkçe*, Veysel Batmaz-Cahit Batmaz, Salyangoz Yay., (2007)

[24] *Bey ile Büyücü*, Osman Karatay, *Doğu Kütüphanesi*, (2006)

Mezopotamya–Mısır üçgeni olduğu artık gitgide daha geniş kitlelerce idrak edilmeye başladı. Bu üçgen daha da geçmişe gidilerek alan olarak daraltılıp küçültülebilir," dedi.

''Evet ama,'' dedim bu idrakin önünde kocaman bir engel var. O da bu üç bölge de bugün Müslümanların, daha doğrusu İslamcıların, artık Müslümanlığı unutmuş ya da onu da dejenere etmiş Müslümancıların hâkimiyetinde, bunu idrak edip teslim edecek olan Batı medeniyeti ve akademisyenleri de bırak İslamcıları; tanımadığı Müslümanlığın bile kendisinden korkan bir inanç ve idrak düzeyinde,' diye üzüntü ile başımı salladım derin derin.

Doruk, "Bu inanç dejenerasyonu içinde sanırım Hıdırellez de ve uğradığı asimilasyonlar da düşünüle bilinir," dedi

"Evet," dedim. "Öyle anlaşılıyor ki burada Eski Mısırlı da oluşumuz ve katkıları devreye giriyor... Türkiye'de yaşayan herkes ve kültür katmanları yeryüzündeki en evrensel çorbadır diyebiliriz. Hitit / Kadeş savaşı sebeplerinin içinde ana ve kutsal oğlu ile Mısır'ın Set'çi yani babacı inanç kavgaları da var Tarih kitapları bunu böyle yazmasa da.

Hathor ve Helios, kutsal inek ve dölleyici güneş (ama bugün, lehçe ve ahlaklı zan ve asimilasyon ile Hathoru da erkekleşmiş olarak Hıdır Hızır ve İlyas=İllez) beraber olmaya başlayıp flört etme dönemini inisiye ediyorlar.

Bugün edep baskılarımız ve rasyonelleştirmelerimiz bize iki erkek figürü buluşturuyorlar ama erkek özgürlük ihtilâlinden sonra yapılan, kadın ritüellerinin erkekleştirilmesinin, tek örneği bu değil... Yaşasın "idraksizlik" diyerek de ömürlerini hep sürdürmüşler, sürdürüyorlar... Biz de, kadınlı erkekli 'iki erkek' buluştu diye 'edepli'

Hıdırellez orjileri (bugünkü Türkçede "örgü", <> iç içe geçmeler zinciri, ya da edepli Halil İbrahim sofralarına dönüşmüş olduğu gibi her şeyin karışık yendiği yeme içme ve de çiftleşme eğlenme âlemleri) yapmaya devam ediyoruz.

Doruk, "Vay canına! Bakalım haziran ve sonrasında neler keşfedeceğim," diye araya girdi.

"Haziran'da da 'kadın' 'hazır' hale geliyor… Yeniden Juno[25] -genç oluyor. Kuvvetli bir ihtimaldir ki sonradan Vaftizci Yahya olarak uhrevileşeceği günde, yani 21 Haziran Ekinoks'ta da yeni erkeğin 'vaftiz' 'yıkama' arındırma töreni yapılıyor, gerdeğe veriliyor… 'Sevgiliye, ilerde Mevlana'nın uhrevileştirecek olduğu yüce sevgilinin yeryüzü temsilcisine kavuşturuluyor.'

Yahya <> Yaheva'nın, Yah'ı, yani erkek üçgeni =Jacques= Jak=Çük= cock=coq=horoz=şahin Horus= Doğan Kuş Güneş olduğunu da bugün biz hâlâ idrakten artık çok uzağız tabii. Her ne kadar Şahin de Doğan da en yaygın adlarımızdan olsalar da.

Tabii bu süreci çoktan unutmuş ya da geçmişi silerek asimile ettirmiş olduğumuz için de biz Salome'nin (*Toprak Ana* olarak ta çevrilebilir, *Güneş Ana* da. *Sol–Sal* hem *toprak* hem *güneş Sal umm*) neden Yahya'yı 'başını' keserek 'salimen selâmete' kavuşturduğu hikâyesini basit bir egzoter kıskançlık olayı olarak okuyup öğreniyoruz. Ya da o ezoter sembolik aktarımı hikâyenin egzoter kelimelere dökülmüşlüğü ile derinine inmeden anladık zannetme, "meallendirme" hatasını yapıyoruz. Oysa Musevî ve Müslümanlardaki sünnet olayının semboliği ile ilintili bir olgu gözüyle de bakabiliriz

---

[25] Juno = June Haziran ayına ismini veren Romalı tanrıça . Jön = Genç kelime ve kavramı ile ilintili.

buna. Ya da seviştikten sonra yorulup kadın karşısında başının dikliğini kaybeden erkeklik organı ile de ilintisi göz önüne alınabilir.

İşte bu yüzbinlerce senedir, mağara yaşamından beri yerleşik olan bu ritüeller zamanla erkekleri rahatsız etmesine ediyor, ama İshtar o kadar güzel, güçlü ve feraset (Afrodit=Feride=Tiferet) dolu ve 'gerçekçi' ki, bir türlü ondan vazgeçemiyorlar ve sonuçlarıyla, ortaya tanımlarının en meşhurlarından biri çıkıyor:

'Saçlı Ishtar'

Bu, 'kıllı' Ishtar olarak da çevrilebilir ve bazı Hristiyani mezheplerde kadınların neden her türlü tüylerini aldırmadıklarının, ya da cinsel organlarındaki tüylere özen göstermelerinin ve sonraları, ritüeller erkekleştikten sonra da hemen her dindeki 'din' adamı erkeklerin de ön kıllara benzer sakal bırakmalarının sosyo psikolojik bilinçaltının açıklamasını da oluşturuyor. Ezoter sembolik hikâyelerde, bu 'saçlar' ya da kıllar, tüyler o kadar büyüleyici ki, onlar erkeğin kalbine bir ok gibi saplanıyor ve onu 'öldürüyor' ya da mecazî anlamda, 'hürriyetinden ederek,' kendine bağlıyor. 'Taşlaştırıyor.'

Tıpkı iman düzeyine geçirilememiş 'inancın' insanları esir, kul, köle ettiği gibi… Hatta bu egzoter 'öldürme' bir anlamda aptal âşık etme ifadesi; aynen bu ezoter içeriğin anlatımı için kullanılmış dahi olabilir bana kalırsa…

Mecaz◇ Medusa; yılan saçlı, insan aklını karıştırıcı, onu taşlaştıran kadın kavramı ve mitolojik semboliği de aynı ifadenin başka bir zaman içi aktarımı…

"O zaman, din kavramı ve kelimesi de bu durumdan etkilenmiş olsa gerek baba?"

"'Din' kelimesinin kökeninde de Müslümancadan çok önce hatta İbranicede 'kanun' halini almadan önce, 'zen' yani Farsî 'kadın' kökeni olduğunu z/d transpozesi ile rahatça görüyoruz. Kaç uygulayıcı, ya da bilen idrakindedir bilemem ama, Zen Budizm (Buda <> Pedi=Çocuk) derken de 'ana ve oğlu' dininden yani Hristiyanlığın Katolik kanadının inancının daha da eskisinden bahsediyoruz aslında. Anadolu geçmişinin Japonya'ya uzanmış ve de Japonlaşmış haliyle…

Senin için bu geçmişi sonraki tarihlere taşıyarak özetlersem:

• Yahudilik anadan geçer. Baba'nın önemi yoktur.

• Hristiyanlıkta önce Ortodoksluk hâkimdir. İmparator Jüstinyen ve Teodora zamanına kadar Meryem yoktur.

• Ortodokslar o dönemlerde eski Magna Mater Yüce ana kültünü Lübnan'da Hristiyanlığa adapte eden Maronitlere[26] katliam uygularlar, onlar da bunun üzerine dağlarda yaşam ve inançları ile ritüellerinin uygulamalarını sürdürürler.

• Meryem tekrar MS 400'lerde ortaya çıkar Roma'da ve Katoliklik meydana gelir.

• Ortodoksluğun temeli Baba Tanrı ve Oğlu İsa'dır. O zamanlarda

---

[26] Maronitler: Roma'daki Katolik meshebi ihdas edilmeden önce, Lübnan'da ana ve oğlu temeline dayalı bir hristiyanlığın ritüellerini uygulayanlar (baba ve oğulcu Ortodoksluğa karşı olarak).Nitekim uzzun yıllar boyunca Ortodokslarca katliama uğruyorlar.

Meryem yoktur.

• Katoliklik ve Maronitlikte ise, Meryem hâkim yer tutar...

• Maronitler Meryem'i anarken bugün hâlâ, 'Ya Hadra' derler ve bu da bizi açıkça Mısır'ın Hathor'u ile karşı karşıya getirir.

• Müslümanlıkta da anaya dönüş Emevî dediğimiz Omayyad Umay anacılarla (Um Eva=Havva ana) başlar.

• Haberci–elçi vb. diye maskelenen Re-Sol Yeryüzü Kralı temelli Muhammedan Müslümanlıkla çelişki ve geriye dönüş kendini gösterir.

• Baba'cılık, Abbasîlerle tekrar karşı bir ihtilâl yapar. Abbas malûm, Abi Baath toplumun babası demek.

Din sesi Çin'de, 'Tchan' yazılıyor ve söyleniyor. Bu kadın anlamındaki 'zen' ve 'han' olarak da okunuyor. Çin bilimcisi Sinologlarca Tchan=Han'ın Sanskritçe Dhyana'dan geldiği söyleniyor ve Lugatlar, Sinologlar bu kelime için orada 'Bilgelik' anlamını almış diyorlar. Yani tefrik edebileceğimiz üzere Farise, Feride, Afrodit, Diana, Tuvana Tavanna ile 'cuk' oturuyor bu ses/kavram. Tchan'ın Hanlığı Farso Türkçede 'Han'ım' dediğimiz kavram ... Han=İngilizce' de *Queen*'e dönüşürken, erkeği aynı adla Kaan oluyor. İbranice'de ise Bilge, 'Kâhin' Kohen'lere dönüşüyor diye tefrik ettiğimi gözlüyorum. Han çok sonraları erkekleşerek doğrudan da kullanılmaya başlıyor. Me-te Han; Cengiz Han vb. gibi ama onun da aslı 'Tanrısal' kadın yönetici kavramına dayanıyor neticede gördüğümüz gibi...

Tabii bu kelimeleri yazılı olarak yaklaşık MÖ 2500'lerden sonra görmeye ve günümüzde okuyup yöre lisanlarını bilmeyen Batılı araştırmacıların okuma lehçeleri ile duymaya başlıyoruz. Ama Mircea Eliade'ın *İnançlar ve Dinî Düşünceler Tarihi* kitabındaki çok çok önemli bir tespitini unutmamak gerekiyor, Eliade:

'Bir şeyin yazılı hali onun başlangıcını; başlangıç zamanını belirtmez. Zira yazılı dönemden çok çok daha öncelere kadar giden; yazının olmadığı bir "sesli" alışkanlık ve birikim dönemi vardır. Yazılı metin; sadece bir geçiş döneminin delilini sunar. İşte o sadece –SES- olan dönemlerdeki bilgiye yazılarla değil ama -sembollerle ve sembolİğin kuralları- (ve tabii benim tabirimle etimosembolik tefekkür ve tefrik çalışmaları) *ile ulaşabiliriz,'* demektedir. Bu nedenle bu kelimelerin yazının başlangıcında var olduğunu gördüğümüzde; öncesinde de 'ses' olarak aynı yörelerde kullanıldıklarını söylemek, bilimselliğin kriterlerine aykırı olmayacaktır.

Doruk, "Ama pek çok Orta Asya'cı Türk Milliyetçisi kendi hakikatlerinde bu gerçeklerin farkına varmak istemeyecektir," dedi.

"Maalesef evet," dedim. "Bu hususun ve gerçeğin, Türk tarihini ve kültürünü MS 700'lerin, Anadolulu MÖ 2500'lerden kalma Lukka–Likya ve sonrasındaki bazı Kiril yazıtlarının biçimsel kopyası, Orhun Yazıtları'na dayandırmak isteyenlerce idrakinde hayırlar, faydalar vardır; diye burada tekrar dikkat çekmekte yarar var.

"Şu ses ilintileri ile devam edelim," dedi Doruk. "Uyanmak, yani farkına varmak keyifli ve heyecan verici," diye ilave etti

"Peki, Z/D-T sesleri de Grimm Kanunu'na göre evrensel transpoze seslerdir: Dia-Ziya; Doğa–Zoe; Din-Zen; Zoro-Toro- Doro; Zor (Güçlü Kuvvetli)- Dor>Dorik-Türk; Mudaffef-Muzaffer; Dâfver–Zafer vb.

Erkek ise, Farsçada Merd demek… Biz bugün, Mert diye yazıyoruz ve sıfatlaştırmışız; erkek demek olduğunu fark etmeden. Hatta mert erkek diye bile kullanıyoruz. Merd adı ise, Dia Ana'yı >Diana <> Dia Mater yani Tiamat'ı öldüren Marduk'tan geliyor… Kendisini Enuma Elish Destanı'ndan tanıyoruz.

Elif'i, Marduk <> Mertek zannetmek demek de aynı kökenden. Türkçe dâhil Batı lisanlarında, 'Tek'<>'Dick =Çük, ama 'dik' halini de koruyor. Mar Duk dediğimiz de zaten Ana'sının oğlu, Ana'sının çükü, koç'u, vb. demek. 'Hor Merti' Horus gözünün diğer bir adı. O da zaten bugünkü 'ibikli horoz', diğer bir ifade ile, bildiğimiz, 'horozlanan' erkek

Namerde verdiğimiz anlamla da aslında bazı erkeklere hakaret ettiğimizi sanıyoruz ve onlara özdeki aslıyla 'erkek olmayan' diyerek 'kadın' diyoruz, kadına hakaret ettiğimizi fark etmeden, ya da unutmuş olarak… Ya da daha da kötüsü kasten ve bilerek!

Elif'in, bacaklarını açmış döllenmeye hazır bekleyen anaerkil eski Grek "küçük harf Alfa (α)" şekline mukabil olarak Arap harflerinde pederşahî bir ideogram haliyle neye benzediği malum. Hepsinin kökeni Öküz Oğuz başı ideogramıdır deniyor bilimsel olarak. Ama yazının bir erkek ihtilâli sonrası olgu olduğunu da unutmayalım. Yani yazı ile tespit edilen tüm verilerde 'Anaerkil katman ve kalıtımlar da bu arada devam ediyor ama arka plandalar' gerçeğini unutmamamız gerekiyor!..

Anadolu'da ve de Müslüman dünyanın hiçbir yerinde 'Elif' isimli erkeğe rastlanmaması ve Elif'in hep 'Ana' kalmış olmasının nedeni 11. yy. Orta Asya'sının etkisi falan değil aslında. Anadolu'daki çok daha eski sosyo psiko historiko bilinçaltımızın doğal bir neticesi...

Aristoteles kökenli Teosofi =Tasavvufun da neden erişilemeyen sevgili kadın"dan bahsettiğinin nedenlerinin anlaşılamamış olmasına da kimse eğilmemiş bugüne kadar.

Elif'in erkekçesi Batı lisanlarında 'Alph' Türkçede de Alp oysa... Elif insanlarsa mitolojik literatürde karşımıza bilge 'Elf'ler olarak çıkıyorlar. Oysa realitedeki Elf, malum Hitit döneminin meşhur bilge figürü geyikten başka bir şey değil bugünkü İngilizcede.

Atalarımız boşuna mı o kadar geyik heykeli yapmışlar? Daha öncekiler de boşuna mı öküz heykel ve resimleri yaptılar mağara ve ev duvarlarına?

Lâf=Kelâm'a ve Dölleyici Kelâm'ın Felek ve bahçıvan toprağı, anayı belleyen Fallüstanlı (Filistin-Palestin) Fellahlarına kadar uzanan yolunu da gene aynı şey demek olan Pelasglar ve su üstünde giden "filika"larını da (fellouqa) daha da geniş ve teferruatlı olarak başka bir analizde ele alırız. Logos–Söz- Işık kelâmı daha da derinleştirerek.

O yüzden özgür kadınlar toplumunun lisanı Fransızcada Merd, "insan dışkısına" dönmüş vaziyette bugün. Bizde de eski kadınlar erkek çocuklarına kızdıklarında "sıçtığım bok" derler pek çok yerde...

"Bok da çok yaygın bir ses kavram gibi. Pek çok lisanda duyuyoruz. Boğa ve İlk Tanrısal erkek figürü ile ilintili olabilir mi?"

"Güzel yakaladın Doruk... Bok=Bog'u da biraz eşeleyelim. Rusçada ve Slav lisanlarda hâlâ 'Tanrı' demek. Eflâk ve Buğdan dediğimiz zaman da bir tarafta yukarda değindiğimiz 'Felek' öte yanda da 'Tanrı'nın bahşettiği yer anlamını da içeren, Slavların Bogdan dedikleri 'Buğdan' var. Bog da Boğa'dan yani ilk Tanrısal hayvandan ve onun inançlısı 'Türk'ten = Tauric'ten Dorik'e kadar uzanan yoldan kalma bir kelime/kavram. 'C'yi, 'K' okuman gerekiyor tabii.

Köken 'Türk -Tauric -Taurean -Turan-Tiran-Tyran -Tarhun-Tarkan -Etrak-Etrüsk kelimelerinin de kökeninde olan Tanrısal Boğa'dan geliyor. Özetle, nerede bir Boğa kültü kalıntısı görürsek, orası Türk'tü demek mümkün. Ama ırk mırk falan değil, 'Boğa'nın Öküz'ün Tauric'in 'inançlısı' anlamında. Her ne kadar biz Oğuz–

Öküz soyundan geliyoruz diye, 'ırkıyla' övünen pek çok inançlı yetiştirmiş olsak da.

Boğa kelimesi bizde pek çok anlam değişkenliği ağacı yaratma evrimi geçiriyor 'Buğ'- 'Bey' vs. gibi. İngilizcede *Big*'e kadar uzanıyor. Bizde de zaten aynı ses, ama farklı harf dizilimi ile = büyük ve tersinde "küçük" = "piç" de oluyor. Tabii tanrısal "domuz" "pig" de...

Etni-ırk zannettiğimiz ayırımlar ve inanç farklılıkları etrafında zaman içinde oluşan kümeleşmeler ve sonrasında gelişen 'bizden' ve 'bizden olmayan' ayırımları ne komik nedenlere dayanıyor değil mi?"

"Haklısın, hakikaten insan farkına varınca ne kadar komik şeyler yüzünden birbirinden başkalaşabiliyor çok ilginç doğrusu..." dedi ve "Hâlâ o ayırımları sürdürmek ve ırkçılık yapmak ise, ne kadar 'akıllıca!!' Irk peşinde koşmak da gördüğümüz gibi Elif'lerin, kalpleri kararmış kendilerinden oluşma düşmanı olan 'Ork'luktan başka bir şey değil' değil mi? Irk ses/kelimesinin kökeni 'hemşerilik' kavramının kökeni ile eş ve bugün çoğulu olarak kullanılan 'URUK' kentinden de kaynaklanıyor olabilir?" diye ilave etti.

Haklısın diye sevindim. Irk ◇ Ork ◇ Uruk ◇ Bugün Irak birbirleri ile tam bir ilinti içindeler.

Tıpkı daha da eski olan UR kentinin adının şehirli toplumu anlamında Rum ve Roma ◇ UR Amme olarak evrimleşeceği gibi diye ekledim.

Boğa'ya dönersek, Mısır dilinde, 'Bukhe', Grekçede de 'Bukhis' sesleri, bugün Boğa dediğimiz kelimenin aynısı...

Çatalhöyük ve öncesinden, ta Galile, egzoter inancın aldığı şekil olan, 'dünyanın onun boynuzları üzerinde durmadığını' ispat edinceye kadar Yüce Tanrılığını; Hz. Musa arada inancını kırmaya çalışsa da koruyor.

Bekâr, Bekâret, Bahar ve Bektâş'lık da aynı kökenden gelen kavramlar. Bu arada Bukrek-Albukrek vs. yani, 'Boğaç' anlamındaki soyadlı Musevî inançlı vatandaşımızın sayısı da az değil.

Boğa, 'dağlı' değil, 'bağ'lı bir kavram. Üzüm=Öz'ün anası=Ouzo-Umm'un yetiştiği bağ ve tanrısı Latin Bacchus de (Bağ Us) aynı boğa kökeninden geliyor. Kırsal kesime de bugün, 'Bucolic' deniyor malum; Latin köklü lisanlarda.

Biz de 'bağlık' (bah-çelik te ekleyerek) aynı şeyi söylediğimizin farkında değiliz. Kök, gördüğün gibi (Aslan gibi özgür ve kendi başına egemen olmayan) 'bağlanan' (kadının bağlı erkeği) 'boğalık'!!! Boğa-Log, Boğa'nın, Öküz'ün Oğuz'un Nur'u… Boğa'nın Bilgisi, Boğa'nın Oğuz'un bilgeliği; "LAH"ı…

Üzüm, hem de beyaz üzüm salkımı 'Hurr' adıyla; Hititlerden Tyran soylulardan 'hürriyet'lerini alan Hurrilerden beri var. Kendini Eugène Delacroix tarafından hürriyetin amblemi olarak Fransız İhtilâli'nde de tekrar ediyor. Tanrısal figür olan Hurr, 'Beyaz Tanrıça'yı az sonra aşağıda göreceğiz. Hurr'un kökeninde de bugünkü 'inanç' düzeyinde kalmışlar idrak edemese de 'hayır' 'hayırlı kadın' dediğimiz, 'Hiero' kavramı var. Sonradan bu tanım Grek mitolojisinde üzüm salkımlı bol memeli Artemis de olacak.

Ana olarak da hayırlı kadın anlamındaki Hera, Müslümanlıkta sayıca çoğalarak Huriler olarak cennette erkeklere vaat edilirken, İngilizcede "HOR "sesiyle telaffuz ettiğimiz "whore" = Orospu haliyle sokaklarda kendini pazarlıyor olacak.

"Hur MA'yı 'da anlamlarından biri olan 'Ana Hur' haliyle kutsal 'hayırlı' tatlı meyve olarak mideye indirmeye devam edeceğiz.

Bilhassa da RA MA ADON=Yüce Tanrı Adon'un Ana Kraliçesi'ne saygı ve ibadet ayında yani Ramazan'da.

RA MA ana kraliçe demek. Erkekleşmiş hali ise, İbranilerde Rabbi -Rab- Rav olarak 'rehber' yol gösterici din adamı olurken, Müslümanlık uygulayıcıları onu da Yüce Rab ve Rab'bımız olarak Al-Lah ile eş anlamlandırıyor. Oruç kavramı da dinî ritüellerimiz de araştırılıp idrak edilirse görülebileceği gibi, gençliğinde açlık ve sıkıntılar çekerek olgunlaşan Genç Horus'tan geliyor. Batı lisanlarındaki 'Jeuner'=Oruç tutmak ile Jön=Genç kelimesi -ama artist, esas oğlan değil yani- arasındaki ilişki de bunu zaten tevsik[27] ediyor. Jön ise bizde 'Can' kavramı ile özdeşiyor seste ve ezoter mealde… Can'ın evrimi için ölüp de yeniden doğum, 'Vel Bas-ü bad-el Mevt mucibi' hep 'genç' demiş gelenek.

Ben-Hur da o Hayırlı Hur'un oğlu.

Erkek ihtilâlinden sonra, Grek dönemde o da erkekleşecek ve 'Hur' erkeklik organına verilen ad olacak. Bugünkü Kürtçede de Eski Mısır'da da Grekçe Horus olan Mısırca' da HOR Ölü Baba'sı Osiris=İdris ◇ Ouzer=Hızır'ın kayıp çükünün sahibi anlamını alıyor.

Grekçeleri ile Osiris – İsis- Horus'u Mısırcaları ile Ouzer – Esed – Hor'un efsanelerini biliyorum dedi Doruk.

Esed'in de aslında ses olarak aslında ◇ Azize olduğunu da fark etmeye çalış o zaman dedim. Tabii ◇ dişi aslan demek olduğunu da hatırlayarak.

Bak HOR'u uzantılarında bugün biz de zaten daha başka hangi

---

[27] Tevsik: Vesikalandırmak, sağlamlaştırmak, tasdiklemek

hallerde kullanıyoruz?

'Hır çıkarmak' olay kavga çıkarmak, erkeklik yapmaktaki gibi.

'Ka-HRA man'ın Hero'nun içinde de HIR var nitekim, 'Hero' olarak çalışmayana, çalana da 'HIR-sız' diyoruz.

Ka, eski Mısırca' da ruh demek, Ka-HRAman=Ruhu Hür erkek anlamına geliyor. Eski Mısır'ın ezoterik sembolüğinde insan üç ögeden oluşuyor. Ka=Ruh (Tanrısal güzellik); Ba=Can (Kuvvet-enerji) Ra= akıl, idrak, irfanlı, 'mümin' hikmetle donanmış Kralî Kudret

Tekkelerde de hır-ka giyiliyor. 'Hoyr' ki o da 'Hayır'la gene ilintili, Grekçe de 'domuz' anlamında da kullanıldığını bize gösterip yukardaki daireyi tamamlıyor. 'Hoyrat adam' derken, Grekçe 'domuz herif' diyoruz, ama idrak etmiş olan kim! Bugün o, Hero=Ka-HRAman'a ise anlamını zaman içinde diresinin doğal evrimi ile negatif bölümüne indirmiş olarak kıro diyoruz. 'Herif' de zaten aslında 'Hayırlı -Çüklü Efe.' Efe de hem Oğul yani Api hem de Baba yani Abu.

Bu arada bizde hâlâ "ana tanrıça işleri" anlamında olduğunu fark edip anlayamadığımız, 'Diyana't', kurum ve kelimesi, halen 'mer'i=yaşayan 'ana kavram' olarak devam ediyor. Ama dediğim ve başkalarının da benden çok önce gözlediği ve söylediği gibi, biz keyfiyetten, geçmişimizden ve de ağzımızdan çıkanı kulağımız duyup, ne dediğimizi düşünmeden, bî idrak her ne konuda ve savunduğumuz ne olursa olsun, iman ve irfan düzeyine çıkamayan, çıkmak da istemeyen, o yönde çabalamayan bir 'inançlı sürüsü' düzeyinde yaşayıp gidiyoruz.

Rahmetli Aziz Nesin de Arapların Türklere dediği gibi 'Etrak-ı bî idrak'[28] demişti de milliyetçi duygu ve hezeyanlarımızla ona da kızmıştık. Üstüne üstlük Etrak'ın içindeki Etrüsk ses kavramına kulak ve beyinlerimizi kapatarak. Dolayısıyla, Din'in=Zen=Kadın işi, kadının kuralları olduğunun farkına varabiliyoruz. Diyanet kelimesini de bu Diana'lıklar işlerinin düzenleyicisi anlamında olan kuruma verilen ad olduğunu ve farkında olmadan daha hâlâ din <> Diana<> Ana Tanrıça ilişkisini koruduğumuzu da idrak edemeden kullanıp gidiyoruz. Hele hele Orta Asya'dan geldiğimizi sananlar Tuvana'larının da bu Diana=Tanrıça Ana ile aynı ses/kavram olduğunun farkında bile değiller. Olmak isterler mi acaba?"

"Hiç sanmam, ama göstermeyi denemekte yarar var bence. En azından iz bırakır. Sonucunu ister gör ister görme; ama elinde tohum varsa ekmek gerekir," dedi oğlum.

---

[28] İdraksiz , idrak becerisi olmayan Türk demektir.

TÜRBAN NE ZAMAN
TÜRBAN OLDU?

Resim MÖ 2400'lerden Irak Maari'den. İlk karşılaştığımız örtülü ve sıkma baş İshtar buluntusu, gördün mü Doruk?" dedim.

"Evet, görüyorum baba."

"Hah işte, neticede, erkek özgürlük ihtilali sonrası dönemde Ishtar'ın 'saçı; erkek özgürlük ihtilâlinden sonra bağlanıyor' ve 'başını bağlamak' tabiri ortaya çıkıyor, diyebiliriz.

'Kızı başıboş bırakırsan önüne gelene âşık olur,' doğal açılımları ve ekonomik endişeleri de ortaya çıkıyor. Bu başrahibeler, anaerkil dönemde kabile dışından erkekler 'krallar' seçmiş ve kabile içindekileri kızdırmış dâhi de olabilirler... Malum, Ispartalı Helena=Güneş Ana bile kocasını boynuzlayıp bizim Afrodit=Feride'den Feraset almış 'Faris'=Paris oğlanımıza kaçıyor... Boğa ve boynuzuyla dalga geçilmeye başlanması ise 'Aslancılık' <> Lev'lik sonraları Alevîliğe de adını verecek olan Luvi'likten, yani, erkek egemen mutlak hâkim 'Mono Ra'cı 'Monarşik Kral' düşünce evriminden sonra ortaya çıkan bir olgu.

Ama boğaç inançtan, kültürden gelen kral ya da her insan gene bilgeliğini koruyor, ama ona isyan edilip öldürülüyor da. İçimizdeki tutucu, gelişmeyi engelleyen statükocu minotor sembolığı ile aktarıldığı gibi.

Anadolu'da satılan hayvanın da 'başı bağlandı' olarak nitelendirilip tanıtılması da tüm bunlara "cuk" oturuyor. Bu ifade ilerde mallaştırılan kızlar için de kullanılacak.

Mısır'daki, Kedi Tanrıça–Neter–Nazır 'Bast' kelimesi düşünüldüğünde ve oğluna, kızına, 'Bast'ın ard'ı' anlamında İngilizcede, *Bastard,*[29] Latincede, *Bastardo- Bastarda* dendiği göz önüne alındığında "Ser-Best"in de "Başı Best" anlamı gene holistik bütünle "cuk" oturuyor. Bu arada kediyi kovmak için de zaten bugün hâlâ o zamanki lisan kalıntımızla 'Pist-Bist' diyoruz?

Bu ifadeler olası hipotezlerden biri... Ama tersi de var! Kadın, 'güneş' erkekten korunmak için de örtünmeyi tercih etmiştir de diyebiliyoruz... Daha aşağıda eşelemeye çalışacağımız gibi:

Paris=Faris'in kopyacıları da ilerde tabii, 700-800 sene kadar sonra, Persler Farisiler etnisini oluşturuyorlar ve aradaki ilişkiyi kavrayamayan bir sürü aydın da Fars'ça konuşuyor, Pharisien'leri ise Yahudi etnisi zanneden ve aralarında ilişki yok, diyen okumuş aydın ya da inanmış Musevî daha da çok. Bu 'Faris'ler olarak bugünkü

---

[29] Bastard (ing) Piç, anasının oğlu. Babası belli olmayan Aslında Bast'ın ardı anlamında gördüğümüz gibi.

Paris şehrinin adını Lutèce'den biz insanlar olarak dönüştürmemiz ise çok daha sonra…

"Hep kelam ve sesten bahsediyoruz, peki ışık inançlılığı ve ses düşmanlığı olgusu nasıl oluşup ne izler bırakıyor ki?" diye sordu Doruk birden.

"Oooooo yepyeni bir boyut açıyorsun! Tanrı Kadın mı Erkek mi zaman içi tartışmalarının bir boyutu da Tanrı ses mi? Işık mı? Nur mu? Ses mi? Göz mü? Duymak mı? Görmek mi? münakaşa ve savaşlarıdır diyebiliriz," dedim.

Biraz önceye dönersek Paris'in eski adı Lutèce' de, Lidya'mız gibi=Sesçiler'den geliyor diye sürdürdüm. Duyduğuma inanırım diyenler ses/kavramı ile ilintili kelimeler bunlar. Anlamı Tanrıça Leto'dan başlayıp sonra erkekleşmiş hali ile 'Lut'olan -Leto'cular 'Lazlar' <> lad'lar devleti demek. Zaman içi göçlerle doğudan batıya yürüyerek İtalya'da Lazio bölgesini de meydana getiriyorlar. Roma'nın etrafında. Öz anlamları itibarı ile Yüce Yaradan'ın 'dediği' olur, hocanın dediği doğrudur, diyenler grubunun, inançlılarının adıdır diyebiliriz Laz'lık Lazio'luluk. …

Çocuklarına "ses" in piçi = Ludwig- Ludovic adını verip, Lüt çalanlar… "Ludic= eğlenceli" partiler yapanlardır diye gözlüyoruz.

Tanrıça Leto iken erkek özgürlük ihtilal serileri sonrasında o da Erkekleşmiş ve tüm bu eğlenceli törenleri lânetlemiş ve yok ettirmiş kutsal adam da malum, Hz. Lut.

Rakipleri ise, Ionian=Yunan=Gözcüler… Evveliyatı Horus ve Gözü'cüler

Gördüğüme inanırım, Tanrı her şeyi görür diyenler... Tanrı Nur'dur Seçtikleri Nur'a kavuşur vs.... diyenler. Işığın Yunancası Fos demek. Ses'in ise Hyksos (Hak'kın sesi'ne dönüştüğü gibi) Eski Mısır'da Tanrı Horus ve her şeyi gören gözüne karşı çıkan Hyksoslarda da 'sesçi' bir tutucu ihtilâlin Mısır'a hâkim oluşunun etkilerini kolayca görebiliyoruz. Bugün hâlâ kullandığımız 'Fos çıkmak' tabirimizle de bizim ise daha ziyade hele hele Yunan düşmanı olduğumuz göz önüne alındığında o sesçi kalıtıma daha ağırlık vermiş bir toplum sosyopsiko bilinçaltını sürüklediğimiz de ortaya çıkıyor.

Bu savaşların sürdüğü yıllardaki Anadolu şehir devletlerinin adlarına baktığımızda bu ayırımı rahatça görebiliyoruz:

Adramyttion (Edremit)= Gözcü

Heraklion= Gözcü

Halicarnassos (Bodrum)= Sesçi

Sagalassos= Sesçi vb. gibi.

Bak şimdi, bu arada başka bir noktanın da delilini bulduk doğal olarak. Zaten idrakle düşündüğümüzde eğer millî öz ve oto asimilasyon politikaları gereği, iddia edildiği gibi 1071'de geldiysek Anadolu'ya, o zaman Yunan=Ionya mı vardı ki biz Yunan düşmanı olduk?

İktisat fakültesinden dostum, Sayın Prof. Veysel Batmaz da notlarımı okuduğunda, *'Neyse ki bu Türklüğün Orta Asya'dan gelmediği görüş ve tezi artık, tezin mucidi olan Türk-İslam sentezcisi bilimciler tarafından bile tümüyle terk edilmiş bir -hastalıklı vakadır.- 'Günümüzün Vakanüvisleri bile artık bu saçmalığa itibar etmemektedirler.*

En güncel ve yetkinlerden biri olarak, Osman Karatay'ın eserleri bu konuda neredeyse, son söz niteliğindedir.' demişti, ama TRT ve bazı kanalların programcıları ile ciddi görünen muhtelif web sayfaları yazarları henüz aynı tefrik ve idrake ulaşmamakta, kendi görüşlerinden taviz vermemekte direniyorlar o da başka...

Bu Anadolu halkının arasındaki 'Yunan' düşmanlığı Lidya-Ionya savaşlarından, Mezopotamya'daki ve Anadolu'daki öncesinden beri de var... Ama biz bugün düşündüğümüzde hem sesçiyiz hem gözcüyüz, ikisiyiz de demekten başka bir çözümümüz var mı? Tüm yaşantımızda Audio-visuel (sessel-görüntüsel) değil miyiz? Birinden birini tercih edebilir miyiz?

Hâlâ, Ağa Demiş = 'Akademi' = 'Akha Demos' kurumlarında ağzımız açık hocaların dediğinin, ağızlarının içine, trene bakan Oğuzlar gibi bakmaya devam edip sadece sesçi gibi davranmakla beraber... Hele ki de artık camilerde ve imam hatiplerde durum daha da ağırlaşmış vaziyette o da maalesef bir gerçek." İnsanlar sadece kendilerine söylenene inanıyorlar gözlem, tefekkür tefrik ve idrak toplum genelinde maalesef her geçen gün azalıyor.

"Diğer bir soru da Yunanistan dediğimiz ülkeye, kendilerinin Hellas, dünyanın gerisinin de Grek – Greece demesi. Niye bu farklılık sence baba?"

"Çok haklı ve yerinde bir farkına varış Bugün kendine Hellas diyen bir ülkeye bizim Yunanistan demeyi sürdürmemiz koskocaman bir idraksizlik ve yurdumuz Anadolu tarihimize karşı bir gerçek gömüşü aslında. Atina ve tüm Karşı yaka hayatlarının ve tarihlerinin hiçbir döneminde Yunan olmadılar ki? Hatta onlar Yunan düşmanıydılar. Bir ara 'sesçi' Lidya'ya karşı Anadolu'nun Yunanlıları ile iş birliği yapmalarının dışında. Bu kalıplaşmış düşünceler artık değiştirilebilir ve idrakle düzeltilir mi? Onu da bilmem. Özetle, bugün Yunanistan dediğimiz yer hiçbir zaman Yunanlı olmadı, üstelik fanatik bir sesçi inançlısı oldular hep.

Diğer bir farklılıkları ve düşmanlık nedeni de Anadolu erkek ağırlıklı Ay'cı iken onların Hel 'Hel-Ana'= Güneş Ana diyeceğimiz Kadın ağırlıklı bir Güneşçiliği sergilemeleri. Bu değişimlerin çok daha detaylı kronolojik evrimlerinin ortaya çıkarılması gerekecektir. Greklik ise, tamamen ayrı bir olgu Onu da daha ilerde ele alırız.

Doruk: *"Tamam demekten başka bir çare yok gibi* dedi ve güldü....

"Ses hızını aştık ama, ışık hızını aşabilmek için kaç fırın ekmek yememiz gerek bilemem. Oysa hepsinin en hızlısı kendimizdeki 'MÜ' müzdeki 'düşünce hızı'. Ama daha kaynağı dışarıda aramaktan onu da maddi enerjiye dönüştürmek için kendimize bakan bilimci yok. Gerçi e-ortamda düşünce hızına yaklaştık, ama acaba 'madde' de transfer edebilecek miyiz? İnşa'Al-Lah *yani Allah İnşa etsin, meydana getirsin, yaratsın,* görebiliriz, dedim"

Hem güldük hem hırslandık hem de elde olmamasının, hüsran duygularını beraber yaşadık. Henüz böyle bir noktaya gelemediğimiz için üzüldük.

"Devam edelim madem. Ishtar rahibesinin 'Tanrı'nın çocuğunu doğurduğunu söylemiştik... Bugün yanlış kavramlandırdığımız ve 'idol' yerine ikame ettiğimiz, heykelcikler, fetişler için kullandığımız bir kavram/kelime var: PUT-PUD... Bu, Hititçeden beri var olan önemli bir kavram.

Yunancadan "Pedi" ile devam edersek, 'çocuk' demek. Şimdi

ayrıntıya girmenin yeri değil, ama çocuk ve ayak ile yeryüzü ve Yüce Yaradan arasında sembolik bir karşılıklı ilinti ilişkisi olduğunu vurgulamakta yarar var.

Put yeryüzünde, Nasr'larla, Nazır'larla, Neter'lerle, Nezîr'lerle sembolleştirilen adı söylenemez ve dolayısıyla 'insanın kullanımına alınamaz' Yüce Yaradan'ın 'ayak' işlerini yapıyor; Nefer'i oluyor... Eski Mısır'daki Nefer ön ekli isimlerin sembolüği bize bu ilintinin farkına varmamızı sağlıyor.

Ad vermek = Onun sahibi olmak, ad verileni kullanmak anlamına geliyor geleneksel inisiyatik öğreti açısından. Zira ad verdiğimiz şeyin 'sahibi' de oluyoruz. O yüzden Yüce Yaradan Tevrat'ta da vurgulandığı gibi, yeryüzündeki kendi sistemi gereği, yarattığı şeylerin ismini kendi vermiyor, onları 'kullanabilsin' diye Hz. Âdem'e verdiriyor... Bu nedenle O'na ad vermeye çalışmak da zaten Yüce Yaradan'ı insan idraki düzeyine indirgemek anlamına geliyor ki, 'olamaz' bu şeyi, olmuş gibi ifade edip algılamanın varıp neticelerini sen düşün... Onu mekruhlaştırmaktan başka bir şey olmaz, değil mi bu?

AL–LAH kelimesi de aynı doğrultuda aslında. İdrakinde değiliz ama etimo sembolüği ile sadece evrende olabilecek bilgilerin – LOGos'ların, LUX'ların, aydınlatan IŞIK–NUR'ların ve aynı zamanda Logos tan gelen kelâm–söz 'lerin bilimlerin idraklerin bütünü, tamamı, hepsi içeriğinde de demektir diyebiliriz...

Yani bir 'ad' değil... Bir sıfat, bir 'hal tasviri' o da... O hitap da bir 'simge.' Hatta bir sembol. Özetle, Müslümanlık onu doğru kullanıyor, kullanmış da. Ama bunu idrak etmiş, gerçekten bilincinde olan Müslüman sayısı ne kadardır, özellikle Türkiye'de ve inanç düzeyinde kalmış, kendilerini Müslüman sanan idraksiz salt şekle tapmayı benimsemiş Tesliman-lar'–İslamcılar arasında? Ne yazık ki çoğu böyle.

Kaldı ki, Al-LAH adı ve LAH hecesi İslamiyet'ten önce de sıkça rastladığımız bir kavram-kelime. Her şeyden önce Hz. Muhammed doğmadan, yani Müslümanlıktan önce ölen babasının adı 'Al-Lah'a ibadet eden' anlamındaki adaşım Abdullah olması buna bir örnek

Bu, Yüce Nur "Işık" = 'Şah' ve Kelâm anlamındaki bu LAH- LUG – LUC – LUX biçimlerindeki ses/kelimeye daha öncelerde:

MÖ 4400'de Uruk Kralı LUG-Al–Banda,

MÖ 2360'da Umma (Amme-Anadan doğan Ümmet) Kralı LUG AL ZA GEZİ,

MÖ 3000'lere kadar takip ettiğimiz Luwi'lerin komşusu kavim zannettiğimiz LİKya'lılarda ki, Mezopotamya yazıtları onlardan bahsederken, 'Işığın- Güneşin batmadığı ülke insanları' diye bahsediyor,

Kendine has İncil'i olan şahıs olarak algıladığımız Hz. Lucas–Luka'da,

Işık doğudan yükselir ifadesindeki: *Ex Oriente LUX da*

Günümüzde de Jedi 'Yediler' 'Ced'ler inisiyesi Luke Skywalker'da rastlıyoruz.

Yine 'kurum' başka şey, o 'kurumda bulunanlar' başka şeylerdir gerçeğinin bir başka bir örneğine geldik işte.

Çalışanların, üyelerin, hata ve kusurları ya da idraksizlikleri, yanlışları o 'kurum' un doğruluğuna ve amacına halel getirmez, onu bozmaz. O yanlışlardan sadece ve sadece o 'insanların' sorumlu tutulması gerekir; 'adalet 'ine de düzen ve kurum saygısına getiriyor, anlamamızı sağlıyor bu idrak bizi…

Birkaç İslamcının yanlış inanç veya uygulaması ya da eksik, hatalı meallendirmesi, yanlış ve kendinden bile hür= selim, selâmete kavuşmuş insan olabilmeyi hedefliyorum, diyen Müslüman anlamına rağmen, Müslümanlığı ve Müslümanı herhangi bir kavrama, bu Yüce Yaradan bile olsa, 'köle' yapıp teslimiyetçiliği savunan, iddia eden bir ruhla tefsiri de, Müslümanlığı kötü yapmaz, birkaç Türkün şu veya bu nedenle vahşiliğinin Türkleri ve Türklüğü ya da her hangi bir milliyetçi etniciyi vahşî ve katliamcı yapmadığı, yapamayacağı gibi…

"Anladım baba. Bu nedenle Al-Lah'ı 'ad'a dönüştürmüş kör inançlılara bakarak AL-LAH kavramını da adı söylenemez, tarif edilemez Yüce Yaradan kavramını da senin deyiminle mekruhlaştırmamak, bunu özümseyerek Müslümanlık tanımına ve kurumuna halel getirmemek gerekmez mi? Sanırım her gün kendimize bunu tekrar tekrar hatırlatmalıyız," diyerek iç geçirdi Doruk

"Tefekkür ve tefriklere dayalı 'idrak' yolu her zaman zor ve acılıdır, en zoru da kendimizdeki hata ve kusurları kabul etmeyi başarıp kendi kendimize söyleyebilmektir. Neyse hadi konumuza dönelim.

İşte bu babası ölmüş kutsal-tanrısal çocuğu doğurmak… İnsanlık tarihini ve düşünce evrimini başından beri çok fazla meşgul etmiş kavramsal meselelerin belki de en başında geliyor.

Ana'ya malum PUTANA deniyor. Bugün orospu karşılığında kullanılıyor. Ama dikkat edilirse 'Çocuğun Ana'sı demek… (Pedi Ana – Feta Ana dan dönüşme) Yukarda sesin geçirdiği evrimle Fettandan

Fadime'den bahsetmiştik zaten. Oros-Pu da zaten "h"si yutulmuş Horus Çocuk, Horus oğul demek, dikkat ettiğimizde.

Nitekim 'Piç Horus'a da bugün Horus'u çoktan unuttuğumuz ama onomatopesini[30] bilinçaltımızda hâlâ taşıdığımız için 'piç kurusu' diyoruz. Piçin yaşı kurusu mu olur, hiç anlamadan etmeden tefekkür etmeden kullanıyoruz. Horus olmuş "Kuru'su" ... Bir başka zaman içi 'Horus' aktarımı olan Keyhusrev'i de Kurus'a, Cyrus'a çevirmiş olduğumuz gibi.

Öte yandan PUD-ique= İffetli demek... Putana'nın tam zıttı ile. Yani çocuk yapmak için sevişmek, 'iffet' olarak anlaşılıyor.... Ya da amaç 'çocuk' yapmak olduğunda, sevişmek bir iffet sayılıyor.

Nitekim değerli Sümer Uzmanı Muazzez İlmiye Çığ'ın, 'Neden Örtünüyorlardı' sorusuna verdiği cevap gayet yerinde, ama Sümer şehir devletleri zamanında erkek ölümleri daha sık olduğu için, 'evlilik kurumsuz' çocuk doğurmak son derece elzem ve sevaptı diye de ilâve etmemiz gerekir.

'Evlilik kurumu' MÖ 2300'lerde okunan yazılı efsanelere göre, MÖ 2700'lerde Eski Mısır'da ortaya çıkıyor. Sosyal adet olarak genelde toplumsal kabulü ise kim bilir ne kadar zaman sonra... O da oturduysa. Bu nedenle o dönemlerde kocasız kadınların hamile kalma işleri de mabetlerde yapılıyor ve 'bilinmeyen' erkeklerden hamile kalan kadınlar topluma yararlı 'Ana' olarak son derece saygı

---

[30] Onomatope: ne anlama geldiği kolaylıkla anlaşılabilen ses yansımalarından üretilmiş kavram/kelimeler. Gacır gucur, ebik gübük, macık mıcık, tapır tıpır, şakır şakır gibi. Piç kurusu da Piç Horus'un bir onomatopesine dönüşmüş. Zamanından daha sonra Balkan lisanlarında da Piçku sesiyle sadece kadın cinsel organı anlamına dönüşmüş olarak buluyoruz onu.

görüyorlar. Yani kadınlar aslında yöneticilerce, 'erkek' ya da 'nüfus artırıcı' işgücü üretim makinesi gibi kullanılıyorlar. Ama onlar da kendilerini eski bir inanç olarak devam eden, 'Tanrı'nın oğlunu' doğuran oldukları bilgisiyle, kendilerini mutlu, huşû içinde ve ayrıcalıklı hissediyorlardı.

Şehirde gezerken de sevişmiş olduklarının dölleyicilerince, ya da birlikte oldukları erkekler tarafından, tanınmamak için örtünüyor, kara çarşafa bürünüyorlardı diye algılayabiliyoruz. Hipotezlerden biriyle.

Öteki hipotez de az sonra göreceğimiz, güneş tarafından lekelenmeyip akça pakça kalmaya çalışma, 'ESMER' SÜMER'leşmemeye, 'erkekle aynı kefeye konmamaya 'dayalı daha eski 'Ay Beyaz' kadının geleneksel töresi nedeniyle olabilir… Bu töre delindikten ve anaerkil, ay'cı, yıldız'cı kadın, gerici akımla da olsa, "Güneşliliği" de kendi üzerine alarak geri geldikten sonra zaten kronolojide demir çağına yaklaşırken, Semiramis= Şamram= Şamran= Smyrna= Sümer Ana, Samara= Tamara isimlerine rastlamaya başlıyoruz. Bu adlar daha önceleri yok…"

Doruk, "İdrak ve töresel kabuller zaman içinde nasıl da değişebiliyor hayret!" dedi.

"Evet keyfiyet bu. Bu nedenle her tarihi olguyu 'güncel' değer yargı ve dürtülerimizle değil, kendi gün ve zamanlarının koşulları ile değerlendirmeye almakta yarar var," dedim ve devam ettim.

"Değerli Sümer uzmanı Muazzez İlmiye Çığ'ın tabii ki bir Atatürk ve devrimleri dönemi kadını olarak taraf tutmasını, hatta bu tarihi keyfiyeti alaycı, küçümseyici bir tavırla ifade etmesini kişisel hisleri açısından anlayabilir, insanca, demokratik olabilmenin gereği kabul ederek hoşgörüyle ele alabiliriz; ama konuyu sosyal barışımız ve ülke-vatan bütünlüğümüz açısından düşündüğümüzde, bu zıtlıkları ve nedenlerini de savaştırmadan 'vahdetlerine götürücü tefekkür ederek ve kırıcı olmadan ifade edebilmek de her insanın, özellikle bilim insanlarının görevidir demek de yanlış olmaz, değil mi dedim? Bunlara bir de 'bilimsellik' nedeniyle 'tarafsız' kalmak vecibesi de eklenince, yapılacak açıklamalarda "zaman" ve o zamanki güncel koşulların da göz önüne alınması ve geçmişle ilgili ondan sonra açıklama ve yorum yapılması gerekiyor dersek, sanırım kimseyi incitmemiş oluruz," diye ilave ettim.

"Evet bilim insanlarının asıl görevi de bu olmalı elbette," dedi.

"Tabii bu birbirine ters düşünce birbirine düşmanlaşan iki rakip etninin oluşumunu da beraberinde getiriyor. Ana'yı 'venere' [31] edenler ki, o kelime de gördüğümüz gibi, hâla Venüs ten Zohar–Zehra–Zühre'den geliyor.

Ya da Ana'ya, Zührevî -Venaryen hastalıklı Putana muamelesi yapanlar...

Tabii, pek çok kez aynı toplum genelinin çoğunda ise, Zehra ve Zühre ile Venüs ve Venaryen-Zührevî ilişkisinin farkında olmayan ve birine kutsal muamelesi yapıp ötekini, yani aynısını yerip taşlayan idraksizlerin sayısı ise pek çok.

Kavramlar nasıl iç içe değil mi? Yüce Yaradan'ın düzeninde "İki ucu beyli" değnek her zaman mevcut. O nedenle iki uçtan herhangi

---

[31] Venere etmek venerasyon: Tapınmak kutsamak

birini tutup diğeri ile savaştırmaya kalkan da o kadar "Beğ"e bulaşacaktır diye "gerçekçi" bir idrake kavuşabiliriz sanırım."

"Paradoksal çelişki ya da iki anlamlılık yani *ambigüite* bilim dünyasında istenmeyen bir şey. Belki de ondandır. Ayrıca anlaşılan, ideal ülkü peşinde koşup da gerçeklere ve kendi hakikatimize karşı algı kapılarımızı kapatmamızın da bir rolü var bence," diye ilave etti Doruk."

Demek ki o odalara kapanmaklar, kitapları ardı ardına devirmekler boşuna değildi, konuşmalarımız başladığından beri çok yol kat etmişti oğlum. Artık anlatan ve dinleyen değil, karşılıklı konuşan iki insandık.

"Düaliter mantık Orta Çağdan beri bugünkü Hristiyanlık inancınca 'şeytan'la eşit mütalâa ediliyor, addediliyor. Aslı kim bilir belki de Horus-Set savaşlarına veya daha öncesine dayanıyordur.

Resimde gördüğümüz gibi. Başı ve kıçı 'suratlı' ◇ düalitenin bilincinde olan Şeytan'ın elindeki 'kitaba' 'Miskal' deniyor. Bunun Türkçemizdeki "örnek" lâfına dönüştürülüp evrensel ilişkisi ve göbek bağı koparılan Misal yani eskiden var olan 'h'si düşmemiş haliyle 'Mishal' ◇ sembolik örnek olduğu ilişkisini idrak etmenin köprüsünü maalesef atmış vaziyetteyiz. Hastahane'yi hastane, Bozhöyük'ü Bozüyük yapmak ve bununla millî gurur duymak gibi bir zavallılık bu da bana göre...

Hristiyanlık insancıl, sırf 'iyi'yi isteyen, iyinin yanında, doğal kötü ya da neticeyi dışlayan, onu görmezden gelmek isteyen gerçekçilik dışı idealist bir yaklaşım içinde olmayı tercih etmiş gibi görünüyor. Bu tabii Hristiyanlık öncesinden beri 'insanca' var olan bir kavram olduğu için Hristiyanlık dışındaki inançlarda da yaygın. Açık açık inanç ve idealizm körüklenip imandan ve 'gerçekçilik'ten kolayca vazgeçilebilinmiş hep.

Oysa yukarıdaki resimde görülen, günümüze kadar folklorik transferini yapmış şahseven kiliminde de gördüğümüz gibi MÖ 7500 Çatalhöyük'ten beri Anaerkil, Doğuran Tanrıça'nın her iki yanındaki koruyucu aslanlar da aynı düaliter gerçekte baş ve kıç <> God <> Göt kafalı olarak yansıtılıyor. Yani temelimizde düaliter öğreti geleneği hep var... Var da zaman içinde yönetim hırs ve duygularının körüklediği ve toplumu asimile ettiği 'inanç' onu çoktan gömmüş vaziyette... Milli kültürümüz diye Orta Asyalı zannettiğimiz kilimler dokuyup inanca da iman diyerek yaşayıp gidiyoruz işte... Hazır Hz. İsa'ya da çoban demişiz!.. Koyunlukta ve buna devamda da beis de kalmamış, Vesselâm!"

"Anadolu'da 'Çobanisa' adlı kaç tane köy-kasaba var biliyor musun Doruk?" dedim.

"Arabayla gittiğimiz yerlerde gördüğümü hatırlıyor gibiyim, ama tam emin değilim, sen devam et lütfen."

"Oysa gelenek ve evrensel gerçek bizi başı kıçı olmayan kilimleri ve iki yönü de geçerli iskambil kartlarıyla uyandırmaya, bilgilendirmeye çalışıyor hep ama nafile...

Aslan 'Haydar' Hazreti Ali'nin kılıcının ağzının 'düal', çift başlı oluşu bu olguyu tamamlıyor. Kılıcın adının 'Zülfükâr = Sevgili'nin saçı! oluşu ise bizi konumuzla ve Ishtar'ın örtülen saçları ile tam karşı karşıya oturtuyor işte, dedim."

"Bu kadar bilgi bombardımanı beni yordu, hatta nerdeyse kendimi zavallı hissedip sana isyan edeceğim, yarın devam edelim," dedi ve kendi dünyasına gitti.

Ertesi sabah kahvaltıda fazla konuşmadık, ikimiz de yorgunduk sanırım. Bugün Doruk'un arkadaşları gelecekti... Geldiler ve hep beraber tekneye gittik. Bir ara lâf lâfı açtı ve karı mı, eş mi, hanım mı? daha kibar ve doğrudur konusu atıldı ortaya; epey bir tartıştılar.

Emre, "Ne desek bozuluyorlar abi, geçenlerde Ada, ona hanım dedim diye bana yapmadığını bırakmadı, anlamadım ki ben bu işi!" dedi.

Doruk, "Sanırım babam da bu konuda bir şeyler anlatabilir, zaten kaç gündür benim beynimi 'okşayıp' duruyor biraz sizinkini okşasın, bakalım nasıl hissedeceksiniz?" deyip güldü ve topu bana attı.

"Bugün kadınlar kendilerine 'karı' denmesinden hoşlanmaz hale geldiler. Oysa karı = sevgili; Farsçada, kalbimdeki kâr = sevgili kadın; demek. Batı dillerine *Cuor* = kalp olarak giden bir kelimemiz bu da. Mon şer derken de aynı kâr = sevgili var. Karizma derken de insanın bize kendini sevdiren özelliklerinden bahsediyoruz aslında, dedim. Siz bayanlar bu lâfı sevmiyorsunuz bugün ama aslında en sıcak ve sevgili bir hitap şekli bu," dedim.

"Kadınların genelde tercih ettikleri 'eş' 'Eşim' denmesi ise çok komik. 'İş- eş' İbranicede 'erkek' demek. Dişisi ise, 'İşa' yani bizim 'Ayşe'!

Artık 'karı'lar adları ne olursa olsun, erkeğim diye mi tanıtılmak, isterler yoksa Ayşe'm diye mi? O onların keyfine kalmış diye güldüm."

Ağızları bir karış açık kaldı.

"Bayan zaten bay (buğ-bog) boğanın yanındaki kökünden geliyor. Hanım ise Han'ım, yöneticim demek. Hangisini istediğinize siz karar verin," dedim. Yönetici deyince de gırgır şamata başladı tabi.

Onlar gittikten sonra, biz de eve dönüp bir film seyredip odalarımıza çekildik. Ertesi gün uyandığımda Doruk uyanmış ve hayret edilecek biçimde nefis bir kahvaltı hazırlamıştı...

"Seni iyi beslemem lazım baba, daha anlatacak çok şey var," dedi ve güldü. Öğleye doğru yine konuşmaya başladık.

Geçen günkü lev yani Aslan konusuna dönelim biraz dedim. Musevîlerin 'koruyucu' kast'ı denilen Levi'lerinin kökenini de bu Lev-Leo denilen Aslan'la ilintilendirdiğimizde açıkça buluyoruz. Tabii, onların Kohen'leri de bizim Kâhin dediğimiz ve yukarda Kaan Queen'e kadar takip edebildiğimiz kavramdan başka bir şey değil aslında da gözler önünde olmasına rağmen idrak etmek o kadar kolay olmuyor nedense?

Aynı 'aslancı' kökten Anadolulu gene farklı bir kavim ve etni zannedilen Luv'i'leri ve günümüzdeki devamları, <> 'Alevî' leri de bulmak mümkün.

Oysa, Al-LAHî = 'NUR'cu = Yukarı'dan Yüce Yaradan'ın sistemini idrakle edinilen akılcı, bilimci, kelam'ı idrak etmiş kişi kavramını Al -LEVî = Sevgi'ci, kalben bağlı'cı, Al-TÜRKî = Türk-î, DOR'î Boğa gibi kuvvetli sebatkâr güçlendirici, bütünlüğünü birbirine savaştırmadan idrak edip beraber kullanmayı becerebilsek fena mı olurdu? Zaten fiiliyatta da beraber değil miyiz? Eksik olan "idrak" harcı değil mi?" deyince Doruk, "Hahahaha ve vayyy mimarinin üç temel sütunu Korintian -İonian – Dorik sütunlara bağladın işi," dedi.

"Eh Tabii, gerçek ve hakikatin bileşkesinin temel sacayağı olan sembol değil mi onlar," dedim. Gülüştük...

"Hadi, kadın ve çocuğuna biraz daha eğilelim lütfen baba."

"Tamam," dedim. "İşte, kadın ve çocuğu çatışmalarında ortaya çıkan şu... Babasız çocuk doğuran kadın 'iffetlidir'> Isıs- Horus> Meryem- İsa> bunun birbirini takip eden ikili zaman içi tekerrürleri olarak karşımıza çıkıyor. Mezopotamya ve Anadolu tarihinde bunların öncelerinin somut buluntularını da bulmak gerekecektir," diye ilave ettim.

Dolayısıyla bu kadın, erkeğin kadını değil, ama oğlunun anasıdır... Saçlarını kullanma sevdalısı ve 'çok öncelerden gibi' erkek elde etme düşkünü değildir... Dolayısıyla da 'ÖRTÜNÜR' algısı da başka keşfedilebilecek ve idrak edilebilecek diğer pek çoğunun yanı sıra ortaya çıkıyor.

Tabii tüm bunlar anaerkil dönemde tartışma konusu falan değil. Bunlar 'şehirleşme' yaygınlaşıp erkeğin doğumdaki rolü ve dolayısıyla egemenlik rekabeti idrak edildikten sonra ortaya çıkıyor.

Malum son üç dinin peygamberleri de "dul- kocasız- erkeksiz kadınların çocukları. Çocuğu yalnız 'babasız' doğuran, büyüten ve yetiştiren kişi anne ya da anne ikamesi biri. Babalar ise üçünde de "ÖLÜ"ler veya YOK'lar... Doğan çocuk, baba'nın yerini alıyor.

Bu başka mitolojilerde de geleneksel Arthur, Hamlet, İskender vs. gibi inisiyatör hikâyelerde de hep aynı... Baba ölmeden oğul doğmuyor... Baba ölüyor, ölmeli ki, oğul kendini 'tanısın', kendini geliştirebiliyor hale gelsin, vs.... Eski yıl, yeni yıl karikatürlerinde de gördüğümüz gibi... Yaşlı baba ölüyor onun birikimleri ile ama kendini inşaya yeniden başlamış genç çocuk, kendi olma yolundaki genç "jön" çocuk ortaya çıkıyor

Yalnız dikkat edilecek ve gözlemlenip idrak edilecek çok önemli bir husus var. Mısır'ın Neter (nazır- nezîr) lerinden çoğunu gerek

Tevrat da gerek se Kuran'da görmek, transpozelerini izlemek mümkün. İdris- Hızır- Şît- Şuayip- Nebî- Ra'baba- Cebrail- Âmin- Fetih- Nisâ- Azize- Ahir- vs.

Amblem olarak biri yıldızı, öbürü ayı benimsemiş bu iki dinde transpoze olmamış tek isim, tek Neter kişiliği 'Doğan Güneş' göklerin uhrenin hâkimi, her şeyi gören Horus. O sadece Horustos <> Hıristos 'Tanrı'nın oğlu' olarak sadece Horustiyanlıkta yani Hristiyanlıkta görülebiliyor.

"Dur dur dur!.. Süleyman Güneş adam demek değil mi? Aynı şekilde Resul derken ki 'Sul' da hem toprak hem güneş ilintisinde değil mi? Ya da İran bayrağına da taşınan Ali'nin güneşle arasındaki ilinti, ilişki ne peki?" diye sözümü kesti Doruk.

"Çok güzel. Dikkat edersen Musa ile Süleyman arasında, tabii Tevrat'ı ya da Eski Ahit'i somut bir tarih belgesi olarak kabul edersek, yaklaşık 300 senelik bir fark var ve Eski Mısır ve Mezopotamya'nın güneş kültleri etkisinin toplumda sürekli geldiği olgusunu da ele alırsak bu son derece olası ama zaten ömrü de fazla olmuyor ve yıldız daha kalıcı oluyor gördüğümüz gibi, dedim."

"Aynı şey Müslümanlık için de geçerli," diye sürdürdüm. "Ay amblemi başlangıçta ortalarda yok. Alem, sancak ve cami kubbelerinde, minare üstlerinde ne zamandan beri görülmeye başladı ayrı bir çalışma konusu olmalı," diye ilave ettim.

"Ali ise, adı zaten üstünde Helios Güneş'in sesdaşı ve kavramdaşı. Aycı Emevîlerin ona karşı çıkıp da öldürmesi vs. tesadüf değil. Tam bu Aycı Güneşçi fanatik kavgasının acınacak ve gülünecek bir sonucu.

Güneş'e dönelim. Haç da dikkat edersek ile gözlerimizi kısıp güneşe baktığımızda gördüğümüz yegâne şekil zaten. Diğer sınırsız sembolik açılımının yanı sıra.

Ama HUR- HEİR ses/kavram sözcüğü, sonradan 'Hur' adıyla, ama altı kollu şamdanı ilk yapan sanatkârın babası sıfatıyla Museviliğe, bugünkü Türkçede de 'Hayır' şeklinde yazdığımız kavramıyla da Müslümanlığa tekrar giriyor.

Bu noktada, tefekkür ve tefrikler devremize Güneş kültü, rit ve ritüellerinin idraklerinin de alınmasında yarar var tabii ki...

Malum Güneş kültü erkek özgürlük ihtilalinin ilk kıpırtılarından itibaren yaygınlık kazanan bir tapınım biçimi (MÖ 9000'ler). Ondan önce hep ve hatta güneş egemen olduktan sonra da 'Ay' ve 'Ay ve Yıldız' <> 'Ana ve Çocuğu' kültleri de hâkim.

Günümüzde de etkileri ve arketip kalıntıları hâlâ devam da ediyor zaten. En başta da Müslümanlıkta ve Türklükte...

Ama fotoğraftaki MÖ 200'lere ait bu buluntu ve İstanbul Arkeoloji Müzesi'ndeki ve başkalarındaki benzerleri de çok daha eskiliklerinin varlıklarının keyfiyetini açıkça ortaya koyuyorlar.

Aynı tefrik doğrultusu ile neden Güneş kültü temelli dinler gibi "Doğu" ya doğru değil de 'Kıble' 'Kibele' 'Hübel' istikametine dönüp namaz kıldığımızı da açıklamak mümkün.

Fotoğrafların ikisi de gene MÖ 200'lerden. Bugünkü Isparta Yalvaç Psidia bölgesinden. Yukarda bahsettiğimiz kadın 'üçlemesi' 'üç hilâl' eski Grek 'Lah'-id'lerinin üstünde açıkça görülüyor.

Lah-it i;- LAH kavram/kelimesinin eskiliği ve AL- LAH ile ölünce erişildiği söylenen Yüce Işık kavramı semboliği ile ilintisi belli olsun diye ayırmak istedim.

Sol elinde 'Ay' tutan kadın da Fransa da Laussel Mağarası'ndan. Kesin olmayan bir tarihe, MÖ 30000- 10000 arasına ait olduğu söyleniyor. Orada aynı tarihlerde elinde 'Boynuz', Boğa boynuzu tutanlar da var... Onları ve Hristiyanlığın mistik Graal kupası ile kültür katmanı trans pozisyonu ilişkilerini *Historia- Hysteria* kitabımda daha da detaylı olarak ele almaya çalışacağım.

Fotoğrafta Mezopotamyalı 'Ay' tanrıçası Sin var. MÖ 2400 civarında Samara ve Harran civarında bunlardan pek çok görülüyor ve minarelerin tepesine niye hilâl konduğunun geçmiş bağlantısını bize açıklıyor. Sin daha sonra İngilizce de 'günah' anlamını alacak. Sin'in evveliyatını ilerde Mısırlı Neterler, (Nessar'lar-Nâsır'lar)

Geb ve Nut'un ilişkisinde göreceğiz. Sin'e erkek tanrı diyenler de var bu arada. Sin ◇ Zen = kadın ◇ Sîne ilişkisine dikkat etmeden. Sin'in başka ilginç bir özelliği de 'Ay' olmasına rağmen, Marduk yani erkek özgürlük ihtilâli sonrası "erkekleşmiş" bir tanrı olması. Ya da Batılı Mezopotamya araştırmacıları ve de 'ağademişyanları' tarafından öyle sanılması... Bir diğer adı 'Nannar' yani açık açık 'Nene Ra' Nene Kral. Diğer bir adı da Zu-En yani görüldüğü gibi daha sonra oluşacak 'Pers' Farsî lisanının yukarda girişte gördüğümüz "Din" kelimesinin özündeki Zen'i... Ama literatürde 'erkek' tanrı olarak geçiyor. Batı'da Sue Ann = Su Anne ya da 'Her Şeyi Gören Anne' (See Anne) kök anlamlı isimleri de oldukça yaygın.

Zu kelimesi Akkad lisanında (Sanılan'ın aksine tespitlerimce Sümerce diye bir dil yok. Akad Asur Babil Keldan vs. dilleri var.) 'Görmek' demekmiş. Yani Zu-EN' i bir anlamda 'Güneşçil Horus Gözü'ne rakibe olarak' Al Lah her şeyi görür muadili 'Gören Ana' olarakta anlamamız buna mukabil gene 'Sîne' ile de bağdaştırarak 'gönülden seven' ya da kısaca "Tanrısal içten gelen sevgi" ya da Kalp Gözü ile Gören Ana Kadın 'Hur'- 'Huri' kavramları ile de ilintilendirebiliriz. Zaman içi evrimleri uzun vadede daha da detaylı olarak incelenirse kronolojik kavram evrimleri daha da belirginleştirilebilinir sanırım. ZU sesinin Anglo Sakson lisanlarda 'See' = görmek demek olduğunu ve oraya kadar uzandığını da bu arada İngilizce ya da Almanca bilmeyenler için belirtelim.

Buna mukabil 'Lunatic = Ay'cı' sözcüğü bugün Batı lisanlarında 'deli' anlamına geliyor.

Biz ise aynı bî-idraklilikle, hem dinimizin amblemini Ay olarak kullanıyoruz ama güneş çıktıktan sonra daha hâlâ Ay'a tapana da kaba saba idraksiz güçlü ama aptal Ayı demişiz zamanında ve lisanımıza da yerleştirmişiz. Dikkat ederseniz Batı lisanlarındaki kullanım olan bi-idraklilik dediğimizde de yukarda gördüğümüz her şeydeki Yüce Sistemdeki doğal düalite mucibi "çifte idraklilik" anlamı da çıkıyor ortaya.

"Üffffff, benlik katmanlarımızda ne çok paradoksal çelişkiler bir aradaymış," dedi Doruk.

Güldüm ... "Anadolu'da bu 'zıtlıkları' hangi konu, hangi sosyal çatışma olursa olsun görmek mümkün. Bunları ya da bunlardan birini başka bir bütünde yok etme, eritme şansımız yok. Hepsi mozaiğimizin bir parçası. Her kim ki, bu kemikleşmiş mozaiği bir üst kimlikte eritme asimile etme hülyasına kapılırsa kapılsın, girişiminin sonu hüsran ve acıyla bitmeye mahkûm. Bu yüzden yeter ki bunları savaştırmadan beraberce kendi kendimizle ve kendi kendimizde yaşamayı idrak edebilelim." dedim.

Türkiye Cumhuriyeti ve öncesinde, özünde o bile Avrupa'dan kopya edilmiş olan Türk Milliyetçiliği de planlanırken, Anadolu'nun bu girift ve savaşı, iç çatışması bitmez çözülmez yapısı göz önüne alındığı içindir ki milli ulusçu tesanüt sağlamak amacıyla Orta Asya'dan gelmişlik masalı ortaya atılıyor ve sonra asimilasyonu da günümüzde de devam ettiriliyor diyebiliriz.

Bunun uzantısıyla zaten, Ergenekon'dan çıkmışlık destanı savunucuları zaten günümüzde gittikçe artan eski bulguların çokluğu karşısında artık Milâttan Sonra'larda ve Orhunlarda falan dikiş tutturamayacaklarını idrak etmeye başladıklarından, ama gene de özümüzü idrak etmekte hata ve kusurlarını itiraf edemeyip kültürümüzün Orta Asya kökenli falan değil, resmen kendi vatanımızın, Türkiye'mizin kültürü olduğunu kabul etmek isteyemediklerinden Ergenekon 'un olayı ve esas tarihi de MÖ 2400' lirdedir diye beyin yıkayıp, kendi kendilerini de kandırmaya başladılar. Geçenlerde www.yenidenergenekon.com diye bir site gördüm ve içim cızladı resmen, insanlar kendi vatanlarını nasıl bu denli dışlayabiliyorlar diye!

Yakında Mısır'daki piramitleri de Orta Asya'dan gelmiş bizler yaptık derlerse hiç şaşmayacağım. Oysa Çin'deki piramitler aynen dediğimiz ve kültür Zaman içi aktarımı ve emperyalizmle hep Batı'dan Doğu'ya kopyalandığı gibi, Mısır'ın kopyası. Oziris in 'Doğu'ya doğru barışçıl bir fetih seferine çıktığını' ise efsanesi bize söylüyor zaten. Çin'in de anca o piramitlerin yapımından sonraki 'üçüncü' imparatorunun lâkabı 'Sarı İmparator' olduğuna göre ilk ikisi 'sarı' değilmiş demek ki diyebiliyoruz açık açık...

Cumhuriyetin ve yeni Türk devletinin kuruluşuna dönersek, bildiğiniz gibi Atatürk o zamanın bilgi çapı çerçevesinde 'hissetmesine' rağmen, o 'ulusçu' kestirmeciler, zamanın koşullarının gereği, fazla araştırma yapmayı da pek de istemeyerek Güneş Dil Teorisi araştırmalarının sürdürülmesini dâhi engelliyorlar.

Atatürk de elinde yeterli delil olamadığı ve de zamanına göre daha önemli meselelere öncelik verdiği için konunun üstüne daha da fazla gidemiyor.

Bu konuda aynı sonuca varan, fakat farklı bir görüş için değerli dostum Veysel Batmaz ve Cahit Batmaz'ın, *Atlantis'in Dili Türkçe* kitabına bakmanı tavsiye ederim. Veysel Batmaz, Güneş Dil Teorisi'nin, Atatürk'ün hastalanması ve ölümü ile kesintiye uğradığını, kanıt yetersizliğinden değil, çalışma süresinin kısalığından dolayı fazla ayrıntıya girilemediğini ileri sürüyor. Olcas Süleymanov, Nurihan Fattah ve Umberto Eco'nun 1970'lerden ve özellikle 1990'lardan sonra yaptıkları çalışmalar, neredeyse Atatürk'ün 65 yıl önce başlattığı ilk teoriye tıpa tıp uyuyor diye de ilave ediyor.

Bu darboğazın giderilmesi ve gerçeğin idrak edilebilmesi için Anadolu'daki benzer 'inanç' çatışmalarının doğurduğu ayrımların geçmişte kalmış 'kör inançlara' dayalı nedenlerinin komikliklerini halka- topluma anlatmak o kadar da zor değil oysa. Tabii en başta kendimiz idrak edebilmek ve herhangi bir değnek 'ucu' tutmadan iki ucunu da görüp tefrik ederek, 'ortasından' 'tutmak' ve sonra da sonrasını getirebilerek, kullanabilmek koşuluyla... Özetle bir milleti değil, önce vatanı ve içindeki tüm insanları idrakle sevgiyle imanla kucaklayabilmek gerekir kanımca," dedim.

Doruk, "Anladım ama bence fazla siyaset tarafına girmeyelim sen gene kadına dön," dedi gülümseyerek.

"Peki," dedim başımı sallayarak:

"PUDik'lik açısından kadın 'Güneş' ''ten korunuyor. 'Lekelenmiyor.' Ta ki çocuğunu yapıncaya kadar. Meryem'in de lâkabı malum, 'immaculata', immakülata okunuyor. Lekesiz. Tıpkı İsis gibi. Ya da daha da öncesi olabileceği gibi Grek dönemde 'lekesiz beyaz' denilen 'Artemis Leukophryene' (lökofriene <> Beyaz peri ana) gibi.

"Aaaaaa!" dedi Doruk, "Leuco Beyazsa Lefkoşe – Lefke beyaz şehir demek oluyor sanki?" dedi.

"Hay yaşa! Löko-sit dediğimiz kavrama aslında Türkçe katliamcılarınca artık 'ak yuvar' dedirtildiği için = Leuco = Lefke = Lifke'nin (Silifke) beyazı demek olduğunu tefrikten uzaklaşmış vaziyetteyiz. Seleucos devleti de beyaz adamlar devleti ve egemenliği İmparatorluğu'nun adı. Anti esmer adamcı anti Yörük anti fellah – anti pelasg gibi 'ırkçı' bir devlet adını almışlar. Ama bunu idrakten uzaklaşmışız. O kadar ki, neden Silifke'nin yoğurdu = Silifke'nin "beyaz, ak kadını" diye türkü söylediğimizi dahi tefrik edemez vaziyetteyiz. Niye "Lavuk" diye anlamını bilmeden, aslında "beyaz adam" <> "şehirli" <> tarlada güneş altında çalışmayan, argos- urgos = ırgatlık yapmayan, anlamında küfür ettiğimizde de ne dediğimizin farkında olamıyoruz, irfan yolumuz kesiliyor.

Dikkat edersen, Artemis'in de sıfatı Leukophryene. O da lekesiz, saf beyaz demek. Türkçe ses ilintili okursak ona, Lefke-peri-ana da diyebiliriz.

Athena'nın sıfatı Pallas da gene lekesiz anlamında…

Neticede, Kadın, dolayısıyla, 'lekelenmemek' için 'örtünüyor.' Güneşte yanmayıp 'beyaz', 'akça pakça' kalabilmek için. Soylu Ana; ESMER SÜMER'leşmiyor <> Çamur'laşmıyor; Samra'ya bulaşmıyor. Bu tabii, beyaz kadınların 'güneş altında çalışan, avlanan, savaşan kara yağız genç oğlanlara' gönül vermesini etkilemiyor. Şehirli, güneş altında çalışmayan beyaz adam ile kırsal kesimin Karaoğlan'ı savaşsalar, menfaat ve karşılıklı küçümseme savaşları yapsalar bile...

Nitekim kültürümüzde gelip istilâ ettiğimiz şehir kapılarını Karaoğlanlarımıza açan, onlara âşık olan 'beyaz' şehirli kadın kız hikâyeleri dolu değil mi?"

"Peki," dedi Doruk. "Öyleyse bu kadının oğlu nasıl bir evrim geçiriyor?" diye sordu?

"Şöyle anlatayım, 'insan' hele ki bir erkek, hiçbir zaman, yaşayan bir 'erkek' canlının, hemcinsinin 'eşitinin' kendisine üstün olmasını, kendisini yönetmesini de istemiyor. O yüzden hep 'tanrısal erkek' 'seçilmiş' kral arayışı içinde oluyoruz eski geri zekâlılığımızla... Bir diğer yandan da 'En iyi Kral- Tiran- Bog – vs., Ölü Kraldır' dürtüsü de hâkim insanoğlunda; kendi öz hürriyeti açısından. Bu da "Tanrı'nın yeryüzündeki 'Öldürülebilir oğlu kral' kavramlarına getirmiş bizi.

Ama, "ana" yeryüzülü... ve bu kral çocuğun da orospu çocuğu olarak suçlanmaması lâzım...

Nitekim uzun süren Oğul Horus -ve ona orospu çocuğu diyen Set (Tevrattaki Adem'in 3. Oğlu Seth; Kuran'da Hz. Şît) savaşlarından sonra bu çocuğun tanrısal meşruiyeti ve ananın namuslu olduğu tesis ediliyor.

Taaa Fransız İhtilâli'ne kadar... Bugün de çaktırmadan 'hak' sürdüren kral ve kraliçeler hâlâ var tabii ki...

Bu meşruiyet tesis edildikten sonra, tüm 'Oğul Kralcılar' rahatlıyorlar... O zamana kadar 'çıplak' dolaşan Ana, MÖ 2400'lerde örtünmeye başlıyor... Evet, ilk türban ya da 'örtünme'nin görülmesi MÖ 2400'ler Mezopotamya'da, Mari'de. Örtünen de resimde gördüğümüz gibi "fettan" "uhrevî" Ishtar anamız... ya da diğer adıyla Inanna- Anneanne- Ay Nene.

Bu olay aynı zamanda, Havva'nın elmayı yemesi ve 'cennetten kovulma' ile de karşılıklı iletişim analizine alınabilinir. Yılan malum aynı zamanda şeytan Seth! (Hz. Şît). Horus da bir ara, Mısır tarihinin bir döneminde; Ana'sını amcası ile iş birliği yapmakla ve babasını öldürtmekle suçluyor... Tıpkı ilerde Hamlet'te de olacağı gibi.

Özetle bu konuyla pek çok 'inanç- menfaat' çatışmasının ekonomik kavga ve belki de sınıf savaşının tam göbeğinde olduğumuzu idrak etmek pek de mucize, ya da vahiy falan değil.

Kanatlar – tüyler, taaa Çatalhöyük MÖ 7500'lerden beri 'tanrısallık' 'uhrevî'lik, 'uçuculuk', göksellik göstergesi. Nitekim aynı MÖ 2400 tarihlerinde de Mısır'da yapılan 6. hanedan piramitlerinde, Osiris-Isis/Horus efsanesinin Hiyeroglifleri, 'Hayırlı yazılar'ı yer almaya başlıyor!

Tabii rahatlamayanlar da önce MÖ 1370'lerde daha başka yan etkilerle 'Akhenaton' olayını yaratıyorlar ve 'OĞUL'luk kaldırılıyor. Amon'un Horus'çu 9 Nezîr'ler yönetimi yıkılıyor ve onun yerine Tanrı'nın akrabalık ve füruğ ilişkisi olamayan 'seçilmiş kralı', Neter i Nazır'ı, Nasr'ı Nezîr'i olmayan 'Re Sûl'lük <> Ağa Han'lık Mono RA Monarşik kavramı geliyor.

Akhenaton <> Ağa Han Acun anlam ilintisini bu şekilde yazdığımızda açık açık görüyoruz.

Bugün biz Resul'e Atatürk devrimleri, saltanat ve hilâfet kaldırma asimilasyonları gereği 'elçi', 'mesajcı' falan diyoruz, ama kelime anlamı açık açık, Ra- Sol = Yeryüzündeki (Tanrı adına) kral ya da "Güneş Kral" demek... Bu kavram Avrupa'da kendine Güneş Kral dedirten XIV. Louis'ye kadar gidip Fransız İhtilâli'nin de temellerini atıyor. Doğu da Işığın oğlu padişah ile yardımcısı, yeryüzü işlerine bakan Yüce Sezar = Sezar- ı Âzâm = Sadrazam ise işlerine cumhuriyete kadar devam ediyorlar.

Bilmeyenler için 1606 Zitvatorok Antlaşması'na kadar protokolde tüm Avrupa kralları sadrazamın; Sezar-ı Azam'ın protokol seviyesinde. Padişah- Sultan (Sol Aton- Sol Adon- Sol Acun, Acun'un güneşi) hepsinin üstü. 1606'da imzalanan Zitvatorok Antlaşması'nın toplam 17 maddesinden biri 'Viyana Kralı'nın kendisine artık Viyana Kralı denmeyip, Avusturya İmparatoru olarak kabul edileceği ve istisnai olarak protokolde Osmanlı Sultan'ıyla aynı seviyedeymiş gibi kabul olunacağına' amirdir. Kısacası Avusturya İmparatoru'na Sultan ile aynı seviyeye çıkma hakkı lütfediliyor ve bu kayda geçiriliyor. XIV. Louis'nin 1685' lerde yüz bulup bu unvanı kendine de alması bu zaaftan, ipin ucunun kaçmasından faydalanmasından, 'fırsatçılığından' kaynaklanıyor.

'Ben Resul'üm diye gelen Hz. Muhammed'e de Mekke ve civarındaki her biri başına buyruk diğer 'Emir'lerinin karşı çıkmasının temeli de bu. Ama O, bildiğimiz ve bize anlatıldığı, neticesini de gördüğümüz gibi kendini kabul ettiriyor.

Ancak "Oğulcular" da çok kısa sürede Mısır'da Akhenatona'da yaptıkları gibi Resul Hz. Muhammed'e karşı Hz. Ali 'yi bir tarih tekerrürü olarak tekrar Allah'ın oğlu yapıp köklü yerleşmiş daha eski bir töreyi de geri getirip Şiiliği oluşturuyorlar. Mısır'dan tek farkı, bu işi Hz. Muhammed öldükten sonra 'yapıyorlar.' Ne zaman planlamaya başladıklarını ise bilmiyoruz.

Şii'nin- Hint Avrupai Farsçası Şiya şeklinde söyleniyor; İngilizce dişi 'O' = *She* de (Şi) bize ışık tutan önemli bir etimosembolik fener. Şii'lik'in bu temel prensibi ile bugün aynı potada mütalâa edilen Alevîlik ve temel prensipleri ile birbirine karıştırılmamalı, farklar teker teker tefrik edilmeli. Her Alevî Şii olabilir ama her Şii Alevî değildir. Ali adı da 'Heli-os'tan geliyor daha önce de vurguladığım gibi. Hz. Ali'den bir önceki 'oğul' Hz. İsa ama ondan önceki bilimsel yazıyla Alexan-der- İsken-der de dediğimiz için, gene aslını fark etmediğimiz bugünkü 'Ali-şan' adı da zaten bir diğer yazılımla 'Helios Son Der,' Yani Âlî yeryüzü güneşi… İskenderiye'yi fethettiğinde o unvanı da alıyor. Yavuz'un Kutsal Emanetleri İstanbul'a getirirken yaptığı ve Halef yani Mirasçı Oğul olduğu gibi. Gördüğümüz gibi, Halife de Tanrı'nın oğlu, Tanrı adına hilafına hareket eden demek.

Şii- Emevî ilintisi de bu gerçeği daha bir netleştiriyor. Emevî dediğimiz UMM EVA Havva Ana'cı demekten başka bir şey değil. Batıcası olan OMAYYA – UMEYYE de zaten bizim Orta Asyalı sanılan UMAY (Ay Ana) Ana'dan başkası değil.

Abbasî likle de (Ab-Baath) Tanrı'yı gene babacılığa döndüren karşı devrim oluyor. Tıpkı Katolikliği ihdas ederek Hristiyanlığa Meryem' i ve Anacılığı geri getirişe salt babacı, ritüellerinde Meryem' e yer vermeyen Ortodoksluğun da zamanında yapmış olduğu gibi…

İbrani Kabalistik öğretinin dişi doğurgan ögesi Şekinah'ı da bugünkü İngilizce ile *She Queen* olarak algılamanın yanlış olmayabileceği de açıkça görülüyor. Daha yakınıyla 'Şah Ana' ya da Şah Karısı, Şahların Şahı anlamıyla 'Şehinşah' diyebileceğimiz 'Şahane' de de kullandığımız Işığın Anası kavramı gibi.

Evet, Eski Mısır'da da bu 'oğulculuğu' kaldırıp sadece 'yeryüzündeki kral' olmak çok uzun sürmüyor. Ve Tanrı'nın oğlu Horus'cular – TothAnkhAmon'la Amon'cu, çok görevlili ve ritüeli, semboliği zengin sistemi tekrar geri getiriyorlar… Biz de her üç 'son' dinde de dualarımızın sonunda hâlâ AMON = Âmin demeye ve gene onun kökeninden gelen inanç değil de idrakli irfan demek olan 'iman' adına 'idraksiz inanca' devam ediyoruz.

'Hamon'un da bugün İspanyolcada 'domuz jambonu' demek olduğunu hatırladığımızda ve Dumuzî - Temmuz ve domuz gibi, damızlık vazife ifa eden yeryüzündeki Tanrı' ve sonrasında başına gelenler de, daha önce aktardığımız gibi düşünüldüğünde; 'Yahudilik ve Müslümanlıkta domuz yemenin' neden günah olduğu, buna mukabil İsa'nın etini yiyip kanını içen Hristiyanlıkta 'Baba ve Oğul' ilişkisini de sürdürmeleri ve Katoliklerin Ana'yı baş tacı etmeleri nedeniyle, neden mübah sayıldığı ilişkisini de kurmanın 'idrakine' ulaşmak zor olmasa gerek...

'Eucaristie' de malum Yunanca Efkaristo ile akraba. 'Özür dilemek' demek... Tanrı'yı öldürdükleri için özür diliyorlar, onun etini yiyip kanını içince de özür dileyip günahlarından arınmış oluyorlar. Tanrı'yı özlerine alıyorlar. Biz de aslında aynı işi 'kurban eti' ile yapıyoruz. Ama sözde insan öldürmedik diye, kendimizi avutuyoruz.

Fotoğrafta bugün hâlâ tapınımına Uzakdoğu'da Nepal'de devam edilen 'sünnetsiz' ya da ereksiyon halindeki 'Çük Domuz' heykelciğini ve önünde adak adayan kızları görüyoruz. Sembolik ve ritüel olarak bir kadının, 'oğlunu elde etmesi için', 'domuzu öldürmesinin ve de yemesinin ne ve nasıl olacağını da insan düzeyinde ve de sosyal

âdetlerdeki, insanca davranışlardaki neticelerini de var sen düşün," dedim

Doruk, "Vayyyy be!" diye hem derin derin düşündü hem de güldü...

"Ramsesler döneminde iktidar, Horus'u ve anasını reddeden, onlara orospu ve piçi diyen, Set'çilere geçiyor tekrar. Oysa aynı dönemde, "Oğul Şahin Horus", Anadolu kültüründe Çatalhöyük'ten beri var. Tıpkı Oğuz- Öküz Baba Osiris'in ya da Mısırcası ile OUSER, yani bugünkü yazılışıyla OĞUZ ER'in yerleşmiş ve zaten BOĞAÇ'çılar demek olan, Türklerde de iyice oturmuş ve söz konusu tarihlerden çok çok sonra Orta Asya'da zamanla kopya edilmiş olduğu gibi... Bu boynuzlarının ortasında, buluntularda Mısır'dan beri gözlediğimiz "Güneş Diski" olan, Kişinev'deki Gagauz Oğuz heykeli de bunu açıkça tevsik ediyor. Boğa ile ilgili şu anda yayınlanmış en önemli kaynak Olcas Süleymanov'un *Yazının Dili* adlı eseri. [32] Bakmanı tavsiye ederim.

Boynuzluluk Hatti- Hititlerden beri tanrısallık simgesi. Erkek kadın bütün Grek-Yunan heykellerinde de devam ediyor. Anaerkillik ve

---

[32] Türk dünyası araştırmaları vakfı 2001

Turan- tiranlık yıkılıp erkek egemenliği iyice kurulduktan sonra bu 'anacı' serbest seks ilişkisi olan kadıncı 'Türk 'Ana'ya tapanlarla' 'boynuzlu' diye dalga geçmeye başlıyoruz bildiğimiz ve hâlâ devam ettiğimiz gibi.

Tabii en büyük küfür olarak anaya küfredip, kendi anamıza küfredildiğinde yeri yerinden oynatıyoruz. Aaaahh etrâk ahhhhhhh ne olur biraz da idrak!.."

Güldük beraber...

"Bak; Egemen de Türkçe zannedip Yunanca Hegemon'dan alıp H'sini düşürüp millî gurur yaptığımız bir kelime. Kökü Amon'un Ağa'sı Aga-i Amon, Hacı Amon gibi egemenliği kendisine emanet ettiğimiz 'kişi' demek.

Doruk, "Ramsesler döneminde Mısır ve Anadolu farkına değindin," dedi, "Kadeş Savaşı'nın temellerinde doğal ekonomik nedenlerin yanısıra bu farklılık da rol oynamış mıdır? diye de sordu.

"Tabii... Ana'nın oğlucu'su olan Hititlerle, bu oğula, orospu çocuğu diyen Ramsesçiler kapışıyor. Nerede?..

Bugün bize "Kadeş" diye alâkasız, Suriye dolaylarında toprak altında bir yer olarak yutturulmaya çalışılıp, güncel 'oturmuş' 'kabul görmüş' dinlerle alâkasızlaştırılmaya çalışılan, bir yer yerine idrakimce savaşları hâlâ devam edip hiç bitmeyecek olan "Kutsal Kudüs'te tabii ki... Kadeş kelimesi de zaten Kadîs'ten yeni KUDS = Kutsal'dan geliyor. Din savaşlarının adı zaten Arapça'da Kadisiyyat... Biz bugünkü lisanımızda, Kutsiyyet olarak yazıp telâffuz ediyoruz. Kadeş'i ise gömmüş gitmişiz. Onlara, bizden olmayan, 'Tu kaka' lar diyerek... Oysa ortalıkta bugünkü Kudüs'ten başka Kadeş madeş yok. Halk olaraksa bu 'kutsal insan = Kadoş'ları- Mu-kaddes dediğimiz adamları 'çoktan 'Godoş' = pezevenk yapıp çıkmışız da gene farkında ve idrakinde değiliz. Bunu niye yaptığımızı bugün idrak ise tabii pek çok karanlığa da aydınlık getirebilecek olan bir "gerçek." Yapan ben değilim. Toplum ve lisanı bir şekilde bir nedenle yapmış... Önemli bulduğumdan tekrar edeyim: bunun nedenini bulabilmek ve tefrik ve idrak edebilerek manasızlığını anlayabilmek çok önemli. Hele ki bugün yaşadığımız ciddi ve tehlikeli 'ayrışma' ortamında.

Bu arada tabii başka bir düşünce akımı da oluşuyor... Ne seçilmiş oğul kral ne de seçilmiş yeryüzü kralı vardır; seçilmiş olan 'toplumdur' – 'millettir, diyen ve içlerinde, ta Amon'izmi geri getirecek Sol Amon'a (Hz. Süleyman'a) ve babasına kadar kendilerini yönetmesi için kral kabul etmeyen Musevîler... David-Davut da dikkat edilirse gene, Dea/Deu Vut-But-Put, yani erkek veya kadın tanrının/tanrıçanın çocuğu anlamını da içeriyor.

P B F V sesleri aralarında çeşitli lehçe ve lisanlarda trans pozisyonlar oluşturur. Basil-Vasil-Veysel-Fasul(ye), vs. gibi. Fasul de, Pa Sol = Güneş Baba ve içinde tohumları, dölleri olan çükü demek; ilk çıkışında gördüğümüz gibi... Har-i-cot (Hariko- Ariko) da aynı. Horus Haroeris'ten türeme. *Bean* de [İng= Fasulye], 'doğan', Arapça *'bin'* ve de İbranicedeki Kabala 'anaç' sefirotu 'Binah' ile etimosembolik ilişkisini açıkça ortaya koyuyor. 'İbn' ses/kavramı da yukarda değindiğimiz diğer açılımlarına kadar 'kâmil hayvan, deve çobanı Eban'a ve Rus İvan'a ve Kabala'nın Binah sefirotuna kadar da uzanan bir evrensellik sergiliyor.

Hepsi kökte Eva-Avi ile ilgili... Ama bu Avi erkekleşmiş İbrani Avi = Arapça Ebu olmasının yanı sıra, çocukluğumuzda 'ayıp' şeylere, öpüşmelere, 'auuvvv!' dediğimiz AVİ.

Musevîler daha sonrasında da Tanrı'nın Oğlu ve Yahudilerin Kralı diye geri gelmeye çalışan Nazariyeci Nezaretçi Nasr Ed dîn kimlikli, Nazareth'li İsa'yı da bu yüzden malûm temize havale ediyorlar. (7 açılımından biri ile INRI = Iesus Nazeret (Nessâr) Rex Iudaeorum = İsa Nâzır Re'is i Yudaurum'un anlamında) (Urum = Rum ta Ur şehrinden gelen ve Ur Amme yani 'şehirli' demek olan bir kelime. Bizim sonradan şehirli olanlar onu da Türklükten gayri bir ırk yapıvermişler işte.

Oysa Çatalhöyük'le tarihte bilinen ilk şehri yapan ve aslı göçebe değil, 'şehirli' olan da boğa öküz inançlısı Türk… Onu kıskanıp kırsal kesimde boğa yetiştirip gene ona tapan ve gelip şehri yakıp yıkıp sonra tekrar içine girip oturup kendini şehirli oldum zannedip birkaç kuşak sonra dışarıda kalmış taşralılara gene burnu büyük 'medenîlik' 'gelişmişlik' 'aydın' afra tafrası yapan da… Roma da-Romalı da 'şehirli' demek zaten. Bugün sanıldığının aksine bir etni, bir millet–bir nasyon falan değil.

Neyse, asıl konumuz örtünme ve Türban… Öteki ayrıntılar ister istemez katkıda bulunmak adına göz önüne alınmalı, ama şimdilik konuyu daha fazla uzatmanın da âlemi yok."

"Evet anlattığın bu kadar şeyden sonra baş bağlamaya dönelim bence de gene de iki şey kafama takıldı. İbrani–Musevi-Yahudi bugün aynı gibi ama öyle mi? Aynı soru Grek–Yunan ve diğer Yunan zannedilen bir sürü şehir toplum ismi için de söz konusu. Bunlara da biraz değinebilir misin lütfen?"
"Bak burada, MÖ 2150'lerde bir Gutî prensesini 'başı bağlı' olarak ibadet halinde görüyoruz.

Bugün önemli bir yanılgı da zamanlarında farklı farklı düşünce yapıları ve tapınma biçimleri nedeniyle farklı farklı isimler alarak ayrışmış etnileri Fransız İhtilâli'nden sonra ortaya çıkan "milliyetçilik" ve sonrasındaki insanlığın yüz karası, insanlığın "büyüyüp olgunlaştıkça" ilerde kendinden utanacağı fanatik düşünce sapması ve de belâsına dönüşen "ırk"çılık mucibince bugün bu ayrımların üstünü örtmüş ve hepsini aynı potada eritmiş vaziyette algılama durumuna gelmiş olmamız.

Oysa durum kendi zamanlarında hiç de öyle değil... Bu yanılgılardan bizim Türk vatandaşları ve toplumu için daha pek çoğunun yanısıra idrak edilmeleri çok önemli olan ikisi üzerinde durmakta yarar var. Biri Yahudilik, öteki ise Yunanlık...

Yahudi ve Musevî ile İbranî ve Almanca söyleyişle *Juden* ve tabii İsrael bugün aynı toplum, kavim, etni, ırk, vs. gibi algılanıyor, ama kazın ayağı hiç de öyle değil.

Yahudî

a) Mısır'daki Djehut kasabasından çıkmışlar demek.

b) Cehd edenler demek.

c) Bu yönde, 'cihat' yapan cihat-îler de Yahudi kelimesinden türeyebilecek olan sıfatlar.

d) Malum, Hermes Toth'a da *Djehut* kasabalı deniyor; bu yüzden Toth'un Hermetik inisiyeleri de Yahudî olarak adlandırılabilecek konumdadır denebilir.

Bir inisiyeler ırkından, milletinden bahsetmek de zaten idrak edilebileceği gibi olanaksız... Devleti olabilir... Vatanı da olabilir, ama gene de çok ütopik-olanaksız tabii ki.

ISRAEL

Tek anlamı var: Miraç'a çıkmışlar, benliklerini Yüce Yaradan'a yükseltmişler, 'sırtlarını dikleştirmişler', 'boyun eğmekten kurtulmuşlar', 'tanrılara hesap sorup pazarlık etmişler,' demek. 'Merdiveni ile' Miraç'a ilk çıktığı söylenen Hz. Yakub'dan öncesinde olmadığı, var olmadığı 'varsayılan' bir 'Ad' = İsrael.

Oysa MÖ 2200'lere dayanan yazılı efsanevi referansla, MÖ 5000'ler denilen en eski aynı işi yapan kişi ise Mezopotamya'da 'göğe çıkan Çoban' lâkaplı efsanevî kent Eridu'nun kralı Etana. Adana'da da adını ondan alıyor.

Eridu'ya bugün İngilizcede dünya anlamında '*Earth*', Farsçada da aynı ses ve anlamda, ama farklı harf dizilimi ile '*Arz*' diyoruz. İkisi de sesdaş ve de kavramdaş. Bildiğin gibi Er veya Ur, şehir demek. Eridu'ya, Utu'nun yani İshtar'ın şehri–dünyası anlamındadır demek de yanlış olmayacaktır. Arsa ve Arazî lâflarının da kökendaşı olan bir kavram/kelime bulgu bu Eridu.

MÖ 2000'lerde Utu da erkekleşmiş. Bugün de ona gene kendimize, Orta Asya lisanı sandırmak istediğimiz Türkçede, Ata diyoruz... Ata'nın da kökü daha pek çok başkasının yanısıra "Hatti" kavram/kelimesine de dayanıyor olabilir demiştik.

Etana ise, sonradan açıkça görüldüğü gibi Adon-Adonis-Adana-Acun- Adonia= Dünya vs., olacak. Hattilandis de Greklerin savaştıkları ve özgürlüklerini kazandıkları söylenen ve bugün batık kıta zannedilen Atlantis. Aslında batan, sadece 'soylular-Turan yönetimi' ve de Mu ile de anaerkil medeniyet diye, "idrak" edebiliriz sanıyorum. Yukarıda da belirttiğimiz gibi, Sn. Veysel Batmaz ve doksan üç yaşındaki amcasının da bu yaklaşımı etüt eden ve idrak eşelemeleri yapan *Atlantis'in Dili Türkçe* isimli bir kitapları var. Okumanı tavsiye ederim.

Etana'nın yaptığı aynı işi malum, Yakup'tan sonra "göğe yükselerek" Hz. İsa da Burak atına binerek Hz. Muhammed de yapıyor. Burak zigzag biçimli şimşek demek. Çoğulu Barika. İbranicesi Baruh. 'Mü-barek' lâfı da oradan geliyor. 'Mübarek olsun' derken Mirac'a çıkmak size de kolay olsun, uyanış ve idrak şimşekleriniz olsun diyoruz, aslında 'MÜ-Selimân lık yolunda'... Ama Hz. Yakup ve Hz. Musa dışında, diğerlerinde Tanrı ile 'pazarlık' kısmı yok! Birinde 'Kendi'lik ama kendi kendinde 'Babalık-Oğulluk' ilişkisi, ötekinde, adı söylenemeyen Yüce Yaradan'a ve LAH'ına, bilgiler bütününe 'iman' var. Ama o 'iman' sonradan özünde amaçlananın tersine, 'Kulluk-biat' kavramına dönüşüyor. Bilimlerin bütününe en yücesine uyma çağrısı statükocu kulluk ve teslimiyet olarak anlaşılıyor hale dönüştürülmüş insanlar ve yöneticilerce.

Al Lah adının başındaki Elif malûm bir ön artikel. Al Hambra- El Fetih- Al Baraka- El Cordobes, Fransızca'daki '*Le Luxe* '- İtalyanca'daki '*Il Luce*" vs. gibi. Ama pek çok inanç düzeyinde LAH'tan daha fazla önem taşıyor.

Tarih boyunca çeşitli inisiyatör örgütlerde kendi nurlarına kavuşmasını ve o ağırlığa rağmen ezilmeden ayakta kalabilmeyi, ya da o dayanılmaz hafiflikle uçup gitmeden ayaklarını yerde tutabilmeyi becerebilenler de "Israel" yani Mîrac'a çıkmışlar ile aynı kategoriye konuyorlar.

Ama sadece ve sadece Musevî, Jew, vs., olup Yehova'ya inanmaları, o amaçta çalışmaları sanılanın ve günümüzde yapılan spekülasyonların aksine beklenmiyor.

Jew

a) Mısırlı Nessar (Tanrı adına ölümsüz temsilci Nazır). Geb- Gew- Yew da olabilecek (Sonradan Melek Gabriel- Cebrail A.S. de olacak olan) sembol tanrının Nessar'ın müritleri.

b) Aynı doğultudan Ceb-el'liler yani 'Dağlılar.'

c) Gib –lim, yani taş yontucular, Jewel = Mücevher işleme ustaları.

d) Yah ve Eva'nın 'kısaltılmışı'

Musevî

a) Hz. Musa'ya inananlar. O'nun takipçileri.

b) Musa- Mo-şe- Mo Şah, her ne demek ise…

Unutmamak gerekir ki hikâyelerdeki rakibi de bir Musa,
Ama=Ra
Musa: Bugün Türkçede, Ramiz ve Remzi, ya da İngilizce 'de Ramsey dediğimiz, Ramses… Dişisi Ramize…
Biri RA, yani kral RE-is Musa, öteki RA'sı olmayan, yani kral RE-is olmayan Musa… Kendi ferdî 'Monarşik' otoritesini kurmak yerine, toplumunu 'seçilmiş' toplum yapan Musa.

O tarihe kadar 'seçilmiş toplum' kavramı yok! diye biliyoruz… Ama kazın ayağı da pek de öyle değil fakat bu analize girmenin yeri de burası değil, şimdilik… İpucu olarak daha eski "Elam" ve "Şuppililiuma" isimleri üzerinde durabilirsin.

c) Mo-Şah ile gene ana tanrıça kavramına DA Ana-Işık adına DA geri dönüyoruz.

d) Dolayısıyla "baba ışık" kavramının sahibi de Pa–Şah, yani Paşa olmuş oluyor.

e) Ana ışık Muştu'lar, (Türev'i müjde), MUT'lu kılar. MUT, 'ana' demek... Amon'un karısının adı zaten Eski Mısır'da MUT... Ağır şişman kadınlara da 'Mut gibi' diyoruz hâlâ. Eski, içine yatak yorgan yastık konan asker evi taşımada kullanılan hurçtan da büyük branda denklerine de...

Mut kasabamız bile var, Beyaz "Silifke" nin üstünde... Kilimleri de çok meşhur üstelik.

f) Baba ışık Pederasty, 'Peder aşkı', 'Peder İsteği' de, bildiğimiz gibi erkeği 'Puştu'lar'... Sırpça'da Puştuvanî yani bir anlamda İbn-i Puşt, Puşt'tan doğmuş saygıdeğer- sayın demek. Bugün Türkiye'de almış olduğu anlamın tersine!

g) Ana ile Mader> Mezar'a gidilir. (Anamızın adıyla ve Anamızın oğlu olarak hâlâ gittiğimiz gibi).

h) Baba ile Pader> Pazar'a ... Yani ekonomi canlanır, 'yaşanır', yaklaşımları da bu farklılıklardan çıkarabileceğimiz etimo-semboliğin güncel 'gerçek'lere ışık tutan neticelerinden sınırlı sayıdaki bazıları. Pederşahîliğin gelmesinin etki ve sonuçlarından biri de yöreler ve şehir devletleri arasında ticaret de olmuştur demek belki de yanlış olmayacaktır.

i) Müze- Muse- A / muse / ment = Eğlence- Musa'lar ve Mutasyon'la da ilintilerinin tefrik ve idraki bize daha da yeni aydınlanmalar sağlayacaktır. [Su perileri, su, mu]

İbranî

İbranîlik ise, daha da eski olduğu için etimosemboliği ve açılımları, alternatifleri ve de neticeleri çok daha zengin ve de Brahma'dan Brahms'a Afrika'da da Braem'lere, deniz çipurası '*Bream*' (İng.) lere kadar evrene yaygın bir açılımlar yelpazesi oluşturuyor.

a) Abraham'a yani Hz. İbrahim'e inanan diye kestirmeleştirilmiş.

b) Mısırcası Abiru ya da Habiru, yani Avare gezen, göçebe Avarlar demek.

c) İngilizce söyleniş *Hebrew*. Bu Habiru'da, h'si düşüp b'si v olarak 'Avarlarla' aynı aileden. Biz onlara da bugün Avar Türkleri diyoruz. Tabii kendimizi Orta Asya'ya kilitlediğimiz için, o kadar eskiye taşıyabildiğimiz ve gerçeğin idrakini pekiştirebildiğimiz falan yok.

d) Abi Rahim, kavram olarak erkek özgürlük ihtilâli neticesinde, rahim'lerin su vericisi ya da 'rahimlerin babası' anlamına dönüşüyor... ABİ–Rahim = İbrahim. Bir anlamda kadına reaksiyonla 'yaratan- doğuran rahimlerin' üstüne çıkarıyor kendini.

e) AB, su ve Baba kavramı; Ana SU'dan, Mayi'den devralınıyor, Anaerkil SU erkekleştiriliyor. Olay çok önce, Mezopotamya'da, bugün Batı lisanlarında derin deniz çukuru ABYSSE olmuş Tanrı APSU'dan başlıyor. AB'ı Farsçaya gidiyor, SU'su Türkçede kalıyor. Anaerkil MAYY ise Arapça'da SU karşılığı olarak kalıyor. MAYY – Mayi. Ötekilerde 'likit', akışkan anlamı ile varlığını sürdürüyor. Pot -Am da zaten Grekçe'de 'Su'; ama 'Ana'nın çocuğu' öz anlamı ortada... (Anlaşılır Greko Arapçası ile Pedi Umm) Batum'da PB ye dönüşüyor. Biz de 'Bat-mak' dediğimizde aslında Yunanca konuştuğumuzun farkına varmıyoruz.

Hititçe – Neşilicede o Pot un da daha eskisi PUDU. Başındaki isim her neyse onun çocuğu anlamında kullanılıyor. Pudu Hepa derken Hepa'nın çocuğu diyoruz aslında yani. Suda yüzen Bot- *Boat*'un da aynı 'su' ailesinden olduğunu rahatça görebiliyoruz. Botanik- Bostan da Bot'dan doğmuş da aynı aileden.

Budunis = Bizans'ta hep 'sudan doğmuş çocuk' anlamında. Her ne kadar Bizans'ı Byzas isimli bir adam kurmuş diye bugün anlatılıyor olsa da. Bizdeki Budun kelimesi de aynı aileden 'aynı sudan olanlar" kavramının kavramdaşı. Kök, takip edebildiğimiz kadarıyla Eski Mısır Deltası!'nın adı olan BUTHO'ya kadar iniyor. Buna mukabil Potam'dan hareketle P/B/V ve 'am' sesi yerine erkek er–ra son eki ile de *Water* ve Vater = Baba dönemine trans pozisyon ilişkisini kurabiliyoruz ki, Yunanca, zaten babaerkil dönem sonrası bir lisandır diyebiliriz. Pater *Father* Vater vs. de 'çocuğun erkeği', çocuğun babası, çocuğun kralına dönüşüyor. Sonrasında Allah Baba'ya kadar uzanıyor.

f) Aynı olgu 'Rahman Er Rahîm' kavramında da görülüyor. 'Rahim' de malum, Hermetik = kapalı = sır bir mekân o çağlarda. Bugün bilim az çok nasıl çalıştığını ve yaratım 'büyüsünü' ve perdesini oldukça aralamış vaziyette. Ama boğa- kutsal inek tapınımını ihdas edenlerin bunu, çoktan ve neden yapmış olduklarını, bir resmini, şemasını görünce daha yeni yeni idrak ediyoruz.

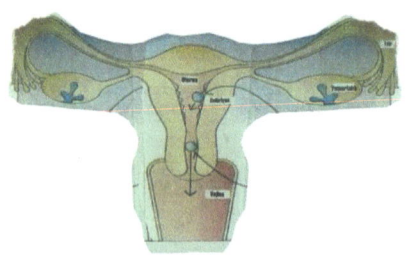

g) İbranice de pek çok lisanda da gördüğümüz garip bir başkalaşma geçiriyor. Bizim 'B' okuduğumuz harf ve sesi onlar, 'V' okuyorlar, Baba ABİ ve Ana EVİ (Havva) birbirine karışıyor. Arapça, Abu- Ebu dediğimiz Baba'ya bile onlar bugün AVİ diyorlar... Bu da bize Ana'nın dahi nasıl erkekleştirildiğini gösteriyor. Çok eski ve evrensel bir sembol motif olan erkek ve dişi üçgenden oluşma altıgen yıldızı niye tercih edip birleştirmeleri de yaratımın temelindeki düaliteyi idrak etmiş olduklarını gösteren önemli bir olgu da olabilir. Bu evrensel gerçeği konuşmamızın sonunda anlatacağım Adına Gül denilen Bektaşi mührü ile Barbaros Hayrettin Paşa'nın sancağını da karşılıklı iletişime almakta ve hatırlamakta yarar var.

h) ABRAM ile GİBLİM dağlılar, Cebelliler'in tersine URUM'luluk, RUM'luk kavramı ile de ilişki kurmak mümkün... Nitekim bu farklılaşmayı ARAM- ARAB farklılaşmasında da görüyoruz. AR, Dağ demek İbranice ve Aramca' da... İR- UR ise

şehir... Urum- Rum – Romalı = Şehirli, Akça pakça, temiz, kültürlü demek. Rakibi, Köylü, Gor'lu – Kır'lı Kir'li <> Kara <> Kör olarak algılanmış gelenekte. Kör oğlu, Polis = Bolu = Şehir Bey'ine kafa tutmuş ama, Kayzer = Sezar = zamanla muhtar anlamına kadar inmiş 'Kizir oğlu Mustafa Bey' de onu çay'a geri tepmiş, sonra da arkadaş, dost olmuşlar, malûm.... Tabii, anlayanlara, anlamak isteyenlere... Bu idrak düzeyi, Orta Asya'dan geldik, ya da göçebe olduğumuzu zannedenlere, zannetmekle bunları gömebileceklerini zannederek kendilerini bu sınırsız birbirlerinden ayrılamaz ya da ancak etniler yaratarak acıyla ayrılabilinir düalitelerimizden rahatlatacaklarını sanarak aslında kendi kafalarını kuma gömenlere göre değil...

Kizir- Sezar kelimesinin kökenini, Eski Mısır III. Hanedanı'nın ilk firavunu, MÖ 2750'lerde ilk piramidi yaptıran, ilerde Zeus, Kabala'nın Kether'i, Kayseri ve bağlarının Gesi'si ve de tabii Cezu (Jesus) ve daha pek çok şey de olacak olan, COZER'e kadar taşıyabiliyoruz.

Sıkı dur! Bu piramidin mimarının adı Mısırca'da Imhotep adıyla ileriki yıllarda tanrılaşacak olan ama Grekçesi, I-Muthes <> I Muses okunan, tarihte ilk karşılaştığımız MUSA adı!.. Mısır'da yazılı delili olmayan bizim bildiğimiz Hz. Musa ise, yaklaşık MÖ 1300'lerde. Ve o tarihten önce Mısır'da adında Musa olan pek çok firavun var. AH Mose = Musa'nın Ahi'si, Kardeşi; TothMose = "Ölü" Musa; Ka Mose = Musa Ruhlu; RaMose = Ramses = Re' is (Kral) Musa vs. gibi. Reis de zaten bilmediğimiz çok evveliyatı bizde olan ama güncel haliyle Yunancadan aldığımız bir kelime. Habeşçe Ras, Romence Radu, Hintçe Raja- Raca vs. Dişi Reise hali de Rusçada Gorbaçov'un karısı olarak da bildiğimiz Raisa Hanım.

ZOZER de zaten 200-400 sene sonra ES OUSER, Osiris- Oğuz RA'laşıyor ve hiyerogliflere geçmeye başlıyor tespitlerimce. Zamanla hiç bitmemiş 'Tanrısallaştırma' alışkanlığımız gereği yücelttiğimiz her ölmüş başarılı yöneticinin ardından yaptığımız ve bugün de yapmaya devam ettiğimiz gibi.

İbranicede İş = Erkek, İşa ise (Ayşe) = Kadın… Erkek iş'i de kadının doğurması, önünden bir şeyler çıkarması ile ilintili olarak ama toplumun "erkek çıkarması" gibi oturttuğu bir küçümseme ile, işe'mekte, ya da bu sefer olumlu bir ilintilendirme ile çalışıp 'erkekçe' 'iş' yapmakta ve kadına EŞ olmakta kullanıp Orta Asya Türkçesi ce sanıyoruz.

Sanskritçedeki evrensel yüce bütünlük, her şeyin temeli ve özü anlamındaki, gene 'Ishtar' la zaman içi ilintili olduğunu fark ettiğimiz, 'ether' denilen ama 'SES' (◇ her şeyden önce kelâm vardı, göz-yazı değil!) anlamını taşıyan 'akasha' (akaşa) da ◇ uzantılarından biriyle 'Ak Ayşe'mizden 'ak kadınımız- beyaz tanrıçamızdan başka bir şey değil. Hz. Muhammed'in en genç karısının adı olması ise tesadüf değil. O'nun eriştiği, yüce tanrıçaya genç sevgiliye, 'gül'e ulaştığı, ezoterik dereceyi aktaran güzel ve zengin açılımlara yol açan bir sembolliği olduğu ortada olan bir lejand. Karşılıklı iletişim olarak daha sonraki yıllardaki Dante'nin Beatrice'si ile de ilinti kurabiliriz tabii ki.

Akaşa = 'ses' ile, bugünkü 'akustik' kelime ve kavramına da ilinti kuruyoruz böylece.

Yunanca Hyxos ile de '(H)ak Ses' ◇Hak'kın ◇ Ak'ın Beyaz'ın sesi kavramına bağlantı kurabiliyoruz… Mısır'ı istilâ eden Hyxos'lar diye kavim zannettiklerimiz ise, Habiru Avar'lardan oluşup 'Horus Gözü'ne karşı, 'Tanrı Sestir', inancında olanlardır, diyebiliriz. Nitekim ses, Yunanca 'da Hyxos'un karşılığı. 'Göz'ün Nur'unun ışığının Yunancası ise 'Fos' Bugün kökten inançlı sesçiler ve anti gözcü Yunan düşmanı olarak "Fos çıktı" diye gözün kendisiyle dalga geçtiğimiz gibi. Tabii kendini Yunan kökenli sanan Batılı ülkelerde de "Hata ve Kusurun" dişi adının da "fausse" = Fos olduğunu unutmamak gerekiyor. Aynı Fos'u 'ışık demeti' olarak Faisceau Fesso da da 'Füzyon' da da kullanıyorlar- kullanıyoruz. Gene 'demet' anlamıyla Fascio yani toplumu, devleti, kurumu, fertten insandan daha üstün tutan faşizmin de temelindeki faşo'da da görebiliyoruz (*faissceau*'da (fr.) olduğu gibi).

Akdeniz'e 'Beyaz deniz', Bahr el Abyâd denmesi de boşuna değil… (Görülüğü gibi burada da sonda d/z transpozesi var.)

Cudî- Gutî ler

a) Jude ana tanrıça, (Ishtar'ın başka bir adı) bizi Yuda – Gut/îlerle birleştiriyor. Erkekleşmiş hali "CED" dimiz oluyor… Gutîler Zagros dağları civarında yaşayan bir kavim olarak tanıtılıyor. Bugünkü God- Goat- Hüdâ -Hûd kelime ve kavramlarını onlara borçluyuz. Tabii Hûd'un onlardan çok önce Çatalhöyük ve eskisinden, Neanderthal zamanlarımızdan beri Anadolu ve Avrupalı olduğunu, buna mukabil, Goat Keçi ve oğlak'ın <> İbex <> Özbek'in ise daha doğu ve Orta Asyalı Tanrısal figürler olduğunu belirtmekte yarar var. İşin daha da ilginci God- Goat ve Hod Hûd Hüda sesleri her iki Tanrısal hayvanda da hem eş anlamlı hem de sesdaş (homonym)lar. Tauric' le Boğa = Türk dediğimiz kelime bile aynı zamanda 'Turahu' haliyle aslında millet ya da etni ya da kavim falan değil sadece 'Ağalar'- Ağalar'ın lisanı demek olan Akkadcada aynı zamanda Vahşi dağ Keçisi de. Bak Doruk, bu konuda, http://psd.museum.upenn.edu/epsd/epsd/e1140.html'de de ilginç şeyler var. Bu ses Ur III lisanında da Durah olarak okunuyor. Bugün Durakoğlu'nu bildiğimiz gibi. Orda bile 'iyi Tanrı ve kötü Şeytan' ayrışamıyor gördüğümüz gibi Daha sonra gene Boğa ile sesdaş olarak Da Ra haliyle eski Babil'de ve Nebî' kenti anlamındaki Nippur'da da karşımıza çıkıp ordan Farsçada İskender'e karşı çarpışan Grekçesiyle Darius diye bildiğimiz kişinin de adında karşımıza çıkacak.

Keçi sürüsüne verilen ad olan Davar da aynı kökten.

Durah'ı UR dan çok daha sonra oluşan İbranice'de de Torah = Töreyi doğurmuş olarak buluyoruz.

Dâr 'kapı' anlamıyla da çok derin ezoterik semboliği 'dar' kapılarını geçmemizi sağlıyor zaten.

Batı'da Galile'ye kadar, Boğaç, Oğuz, Öküz 'iyi Tanrı' olarak görülüyor. Orta Asyalı Keçi ise, gelenekte Kötü Şeytan oluyor. Firdevsî zamanında da Ahriman'laşacak... Oğuz, Öküz ise Hürmüz- Hermetikliğini koruyacak. Ahriman'ın 'Ra Man'ın Ahi'si, ana tanrıça müridi kardeşler anlamı 'kalmış' tutucular, 'kötüler' demek olduğu açıkça görülüyor. Ama Hindistan'da aynı RAMA, Ana Kral adıyla Budha'nın 'Oğul'un başka bir uzantısını 'iyilik kemâliyet' adına sürdürüyor. Bir adı da gene Ishtar kökenli Siddhartha malum. Sid kısmı sonra bizim "Seyyîd – Seyit'miz olup, Batı dünyasına El-Cid olarak geçecek. İbranicesi Sidi...

Boğa 'iyi Tanrı' dedik, ama erkek egemenlikten sonra aslan simgeli monarşinin de anaerkil, anaya tâbi düşmanı ve öldürülen, dalga geçilen rakibi olduğunu da unutmamak gerekiyor tabii ki. İzleri İspanya'da boğa güreşlerinde ve serbest boğalar festivallerinde hâlâ yaşıyor.

b) *Juden* (Alm.), Bu tanrıçaya, tapanlar demek aslında. Ama çoktan gömülmüş bir bilinç bu… Juden, 'anaç' kökeni korurken, Mısır MÖ 3000 – 2750'lerden beri 'erkekçi' olarak CED sütununu (Osiris'in; Oğuz Ra'nın kayıp çük'ünü) her yeni firavunla yeniden 'kaldırıyor!'

Çük kelimesini diğer eş anlamlılarının yerine kullanmayı tercih ediyorum; zira evrensel Jak- Jacques- Yah kavram/kelimeleri ile eşanlamlı ve sesdaş…. Jakobenlerin 'sünnetsiz' berelerinin ise, neye benzediği malûm. Eskisini, Hitit Yazılıkaya'da ve resimdeki Hititlerin sonrasındaki MÖ 700'lerdeki Frigyalı Bonelerinde de görüyoruz.

Serpuşlar, başlıklar ve erkeklik organı arasındaki karşılıklı iletişimleri tarihsel kronolojiye paralel olarak inceleyen yazımı daha ilerde yazmayı düşünüyorum, o zaman okursun. Buluntu resimleri hazır. Her şey OUSER'in kayıp çükü (Erkekleşen Tanrı'nın, ağza alınıp söylenemez, 'mekruhlaştırılamaz' 'yaratıcı' adı!) ile başlayacak tabii ki…

Ona sahiplik ve onun kalkık inik, sünnetli sünnetsiz, tek, çift boğumlu biçimleri açısından ise ne etniler ve ırklar, milletler, dinler, mezhepler, inanç farklılıkları doğuyor; neler neler, bir fark etseniz güler misiniz, yoksa ağlar mısınız, şimdilik bilemem. Ben hem şaşırıyor hem de gülüyorum… Bütün bunları *Historia mı*

Hysteria mı? kitabımda daha detaylı ortaya koymaya çalışacağım.

c) Velhasıl, Juden kelimesi de etimosemboliği çok zengin, bizi ordan oraya altı yönde dolaştırabilecek kadar eski bir kök... Biz dört yön bilirdik ya; nedir bu 6 yön diyebilecekler için ezoterik gelenekte Doğu-Batı-Kuzey-Güney'in yanı sıra Zenith denilen arş-ı âlâ ve Nadir denilen Yer ve yedi kat altı da yön olarak addediliyor. Kendini tanıma ve benliğini geliştirme yolunda çalışanın da sembolik olarak bu 6 yönde gidip geldiği ve her geliş gidişte de 'çapını' büyüttüğü varsayılıyor.

d) Bugün Kürtlerle Yahudiler arasında illâ da etnik ilgi bulmaya çabalayanlar temelde bu ortak Gut'i'lik ve Jude'çuluk kavram ve inanışına eğilebiliyorlar. Görüldüğü gibi bir ortak etni ya da ırktan bahsetmek söz konusu dahi olamaz. Bugün etni dediklerimiz de zaten gen-ırk birlikleri değil, daha çok 'bizim gibi düşünen bizdendir, ötekiler düşmandır,'" şeklinde akıl yürüten idraksiz insan olgusuyla oluşmuş 'başkalarına, fikirlerine, düşüncelerine karşı sevgisiz', 'düşünce ve ifade hürriyetine ve onlarla beraber yaşamaya saygısız' insan kümeleridir, diye tanımlamak daha uygun ve 'gerçekçi' olacaktır, diye gözlüyor, idrak ediyor ve seninle paylaşıyorum.

Özetle bu olgu, bugün 'etni' ya da 'millet' veya 'nasyon' ya da 'ırk' dediğimiz insan kümelerine, başka düşüncelerle beraber yaşamasını beceremeyenlerin kendi 'ana' toplumlarını 'amipler' düzeyindeki zekâ ve gerçekleri idrak seviyeleriyle sürekli bölünmelere, sonra da tekrar birleşmelere tabi tutmalarının, sonra da biz tarihte şu kadar adet devlet kurduk diye, kendi kendileriyle övünmelerinin ürünüdür bunlar bence.

Bugün aynen Lâikistan- Dinistan; Laikiye- Diniye; Laik ve Türbancı, ayrancı, rakıcı vs., gibi bölünme ve kendi kendimizi yeme, sonra da dış güçlere pislik atarak, kendimizi aynaya bakmadan sütten çıkmış ak kaşık zannetme yolunda; Onuncu Yıl Marşı ile de hâlâ tatmin olmaya çalışarak emin adımlarla yürüdüğümüz gibi.

'Etni'nin kelime kökeni de zaten Yunanca 'ethnos', 'thani' = Arapça 'sânî', yani, ana bütünün yanı sıra 'ikinciler' demek. 'Sınıf', 'thnos' kelimesi de bu 'thana' ikincil'den doğma...

Aynı tek toplum yanılgısı Yunan (Iyon)- Grek- Helen- Dor- Athina- Sparta- Frig- Lidya- Truva- Karya- Likya- Pamfilya – Psidia, vs., şehir devletleri adlarında da var. Gene hepsi anaerkillik, ataerkillik, oğuldur, yok değildir, sadece kraldır, kızdır, erkektir, başı açıktır, başı kapalıdır ve biz onlardan biriyiz, onlardan geliriz, hayır gelmeyiz, kahrolsun ötekiler, diye kapışanların kavgaları sonucu oluşmuş farklılıklardır, diyebiliriz.

Onlardaki başka bir temel de 'Tanrı konuşur', 'Allah'ın dediği olur' ve zıttı, 'Allah her şeyi görür', 'Nur verir', 'yaratımı Nur'dur.' Diğer bir deyişle, 'Hoca'nın dediği doğrudur' – 'Yok canım, gördüğüme inanırım'– 'Görüntü yanıltır, ideadır', 'Ağa doğru söyler 'savaşlarının neticesi ve farklılıklarına olan yaklaşımdır, diye gözlüyor ve mevcut muhtelif bilgileri aynı potada düşünme temellerine dayalı tefekkürlerimiz sonucunda idrak ediyoruz.

Bu nedenle örneğin, Atina kenti hiçbir zaman Gözcü yani Ionien- Yunan olmamıştır. Yunanlılığı onlara, aslında gerçek Yunan kültürü ve medeniyeti Türkiye topraklarına aitken, onlar da bu bilinçle kendilerine Hellas demelerine rağmen, alfabetik sırada Y harfiyle başlasınlar da Türkiye'den sonra gelsinler diye, dünyanın hayran olduğu 'vatanımızın topraklarına ait Yunanlılığı' 'hediye eden' de biziz...

Onlar, Akademos'ları ile 'Ağa Demişya'lıları... Ve de bizim bayrağımızda olmayan 'Güneş'leriyle = Helios = Hellas'lılar... Hell de malûm, 'cehennem' demek... Zamanında alfabetik sırada önümüze geçmelerine aldırmayıp onlara düşmanlığımızla Hellas'ın eş anlamlısı olabilecek olan 'Cehennemistan' ya da 'Hellistan'; Hellasya'ya da Hellenistan diyebilseydik Cehenneme *'Hell'* diyen İngilizleri, Amerikalıları uyandırmış olur muyduk? Olmaz mıydık? Güncelde sosyo ekonomiko politik neticeleri ne olurdu? Varın siz tahayyül edin.

"Neyse; işimize ve gerçeklere dönelim," dedi Doruk.

"Bak; Atinalılar Grek de değillerdir. Hiçbir zaman da Grek de olmamışlardır. Greklik bizim de zamanında umurumuzda falan olmadığı için peşine düşmediğimiz ve artık Müslüman olup Hristiyan âlemine düşmanlaştığımız için İstanbul'un alınışından sonra 1453 ve sonrası Rönesans döneminde sevgili Fransız dostlarımızca bizden yeni bir Truva Atı numarasıyla çalınmış olan gene kökü bizde Anadolu Türkiye'sinde olan bir kavramdır.

"Yani?"

"Grek'lik kavramı, tefrik ve idraklerime göre Soylu Tyran- Turan Hattilerden HURRİyetlerini alan "Gorik" dağlı At uşağı Hurrî'lerden- yani YÖRÜK lükten başka bir şey değildir. Hurriler de zaten hemen Mitanni adını alıp özentileriyle 'Medenî' Medineler, şehirlileşmiş köylüler olarak kasaba düzeyinde şehirler kuracak ve ilerde de kısaca MED'ler olarak anılacaklardır.

Khalkedon = Kadıköy= Körler ülkesi yazdığımız yer adı da "Soylu Saraylı gözüyle!" Bugünkü Türkçemizle, = 'Halk Acun', demektir esasında. Yani yeryüzülü, yeryüzünde 'Hâlik' olmuş, saraylılar gibi kendilerini kandırdıkları, ama inandırdıkları gibi seçilerek gökten inmemiş, dolayısıyla Nur'dan nasiplenmemiş, bilgisiz cahil insanlar demektir. 'Halk' işte! diye kendini, tanrısal soylu sananlarca küçümsendiği şekliyle. Ahalî de öyle. 'Güneş' ''Hal' 'Hell' olmayanlar; aydınlatmayanlar öz anlamında.

Bu önemli vurgulardan ve 'bilinçlenmeye-idrake' davetten sonra örtünme kapanma eyleminin kronolojik takibine devam edelim," dedim.

"Fotoğrafta, MÖ 1800 Kanesh (Kaneş <> Güneş- Hitit Kültepe) kentindeyiz. Görüldüğü gibi Ishtar, cinsel organ 'Rahmi' 'kıllarıyla' ters üçgen olarak iyice belirgin, memelerini ön plana çıkararak akça pakça vücudu ile gene bir 'yıldız' oluşturuyor. Diğer 'eli belinde' figür ve adına hâlâ İştar tezgâhı denilen halı ve bilhassa kilimlerde gördüğümüz motiflerdeki gibi. Ama Başı örtülü! Ve fakat, 'Sünnetli' ya da ereksiyon halindeki bir erkek organı biçiminde. Tıpkı ilerde Hintli 'Sikh'lerin de sarıklarını bağladıkları gibi. Sikhler de zaten inançları gereği saçlarını ve vücut kıllarını kesmiyorlar

Aynı olguyu MÖ 1600'da Girit Knossos'da da görüyoruz, başında 'devlet kuşu' olan ama saçları örtülü Tanrıça İştar yılanları (erkeklik organlarını) oyuncak ediyor. Bu figürü 'çift ağızlı balta' olarak halı ve kilimlerimizde de ve de resmini en son göstereceğim Bektaşi mühüründeki 'Gül'ün adı'nda da görüyoruz. Önceki sayfalarda bu anamızı memeleri dışarıda haliyle seneler sonra Fransız İhtilâli'nde hürriyetin amblemi olarak ta görmüştük. Aynı resmin bir benzeri, burada koymadım ama MÖ 3000 – 2500'lerde Mezopotamya'da da var.

MÖ 1500'de Boğazköy'de Altın Kolye olarak taşınan erken bir Meryem İsa, Ana ve bebek oğlu ◇ İsis-Bebek Horus etkisi görüyoruz, sol yanda. Ana'nın başı 'bağlı.'' Ayağında zamanla seneler sonra Anadolu'da hâlâ devam ederken, Orta Asyada da kopya edilecek olan 'şalvar' ve 'çarık' var.

MÖ 1400'de tahtında oturan Tawanna ◇ Tavandaki Ana ◇ Diana ◇ Tuana ◇ Tuvana ◇ Tijuana sonradan da Divâne ama Diyan'et işleri hâlâ elinde olan Ana kraliçe, gene başı sıkma baş örtülü ama 'HUR' memeleri belirgin olarak Alacahöyük'te karşımıza çıkıyor.

Karayiplerdeki Tijuana haliyle işin içine 'Genç ana', yeni ana ve Romalı Grek Hera karşıtı denilen Jupiter'in karısı olduğu söylenen Juno'da çıkıyor... Juana = Jön = Genç (kadın). Aynı zamanda da tabi Yuni = Göz ve kadın cinsel organı ile de etimosembolik iletişim içinde... Yuni Arapça, Göz demektir. Yunan – Ionian ordan gelir ve bizde Yahya'laşarak Osiris'in kayıp çükü ile ilinti kuran iki St. Jean ve de Horus'un iki gözü ◇ Ay ve Güneş'le de ilintilidir. Grekçe ve Hintçede ise Yuni- Yoni kadın cinsel organına dönüşmüştür. Bugün Türkçedeki 'Yunan' dediğimiz kelimenin etimosemboliği gereği inip köklerini araştırdığımızda artısından eksisine  hepsi birden anlaşılmak durumundadır demek ve tefekkürün çapını genişletmek gerekmektedir, bu bağlamda.

MÖ 780'deyiz... Yukarıda Maraş, arkada da İslâhiye' de ana tanrıça ve oğlu 'nu görüyoruz.

İp eğirme ve 'iğ' in semboliği burada konumuz dışı ama kıyafetler ve sesi alabilmek için 'kulağı açıkta bırakan!' örtünmeler bize önemli kalıtımsal ipuçları veriyor. Sağda oğulun elinde 'kitap' taşıyan Şahin çok önemli bir semboliği ve 'gerçeğimizi', 'kitaba inanç' düşünce halimizi vurguluyor gibi. Hayırlı tefekkürler dilerim.

Kitabın da Arap ve İbrani harfli "Kitap"lar gibi sağdan sola açılmakta olduğu da ayrıca dikkat edilmesi gereken bir husus olarak dikkati çekiyor. Bunların dışında buluntulardaki ayrıntılarda daha başka eylemsel sembolik açılımlar da düşünülmek durumunda tabii ki.

MÖ 700'de türbanlı ve çarşaflı Erken Meryem Ana; geç, lekesiz İsis, çok geç tarihlerdeki ilk resmimizdeki Ishtar Antalya Müzesi'nde bizlere memelerinin bereketini sunuyor ve de 'dua ediyor.' Ne istediği Allah Kerim...

Aynı olguyu Frigyalı bu sağdaki Freya- Füreya Kibele anamızın heykelciğinde buluyoruz, Gordios'ta, MÖ 680'de...

Freya, bugünkü akademik bilgiyle 'Kuzeyli bir Venüs'ün adı imiş.' Oysa Frigya resmen bu '*Free*-Özgür Tanrıça'nın ülkesi demek. Üstelik 'soğuk' da demek... Frigo'dan Frijit'ten de bildiğimiz gibi. Bugünkü, Orta Asya'dan gelmişliğimiz masalının devam etmesine uğraşan 'Türkçü ırkçı' zihniyetin, Frigyalılarda 'Ermeni' kökleri bulması ise, yerlerde yuvarlana yuvarlana gülünecek ve kendi kendimiz olmamızı idrak yolunda köprüler atan bir hipotez üretiminden başka bir şey değil.

Freya'nın bugünkü vatanı, İtalya'nın Avusturya-Venedik-Slovenya sınırındaki başkenti Udine olan Friuli bölgesi. Zaten orda teslisinin adıyla anılıyor, ayırım yapılmadan... Friuli, Venezia, Giulia- Julia- Culya- Gulyâ- <> Hülya olarak... Erkekleşmişi Julio- Hulyo> Hür

Venüs (Bin Us = akıldan doğma, akıldan gelmiş, üretilmiş). Gül yüzlü çevirisiyle… 'Gül' ve 'adı' ile sonlara doğru seni tanıştıracağım. Freya'yı bugün Füreyâ- Feraye ismimizde kullanıyoruz hâlâ.

Yukarıda, Rodos'ta MÖ 200'de görülen başı bağlı kadın büst parçaları var. Bağlama şekli burada 'Firavun' baş bağlamasına daha yakın hale gelmiş.

Fotoğrafta ise M.S. 200 Antalya Perge'den bir buluntu. Fazla bakmayın, bakın sağ elini hemen yüzünü kapatmaya hazırlanır bir biçimde örtüsüne götürmüş bile, yüzünü sizden saklamak üzere!.. Müslümanlığa 500 sene kala!

Şimdi yine sıkı dur. Tanrıçamız yeni bir 'isme' daha kavuşuyor... 'Nemesis.' Kitaplar, 'İntikam Tanrıçası' diye üfürüyorlar ama adını bugünkü lehçemizle söylediğimizde fark ettiğimiz gibi, kendisi resmen 'Namus.' Heykelin tarihi MS 200. Yer ise Perge. Perge'de, bugün burjuva ya da Ham-burger derken kullandığımız, Bourg-Borgo-Burç – Burj... Borç (çorba) dediğimiz yerleşim yeriyle kavramdaş olan bir kelime... Yakınındaki Side ise, bugün, Site-*City* olmuş vaziyette.

Sonradan Hıristoslaşacak Horus'unu doğurmuş olan İsis/Meryem = Mîr-i Amûn = Amon'un sevgilisi, kocası ölmüş bile olsa meşru bir çocuk doğurması ile yukarda değindiğimiz PUDic = iffet'i ile namusuna halel getirmediği gibi kendisine, 'orospu' diyenlerden de adının hikâyelerinden bildiğimiz gibi 'intikamını' alıyor.

Ama çok da alımlı ve de 'tafra'lı değil mi? Tafra kelimesinin içinde de 'Ferit- Feride' ve 'Afrodit'i' buluyoruz... o da 'Ishtar' la zaman içi ilintili, daha önce 'gördüğümüz' gibi Afra-tafrada 'ikili' dediğimiz gibi. Bu Tanrıçamızı ve 'namusumuzu' da Antalya Müzesi'nde ziyaret edebilirsiniz. Böylece, Eufrate = Fırat ile de Afrodit- Ferit ilişkisine de yaklaşmış oluyoruz. Şirin'inin (Farsça güzel demek)

peşinde koşup dağları delen Ferhat = Soylu (Ferit-Farîs) ışık Ka HRAman ımıza da...

MS 200'lerdeki Perge'li Artemis, ki o da Latince konuştuğumuz yıllarda bir ar'ı, namusu, temiz 'lekesiz' bakire bir 'Di-ana, ana tanrıça' oluyor; örtüleri içinde karşımıza tekrar çıkıyor. Ar-Temis aynı zamanda 'dağın tepesindeki Şems' anlamında da. Temis yazıldığı için fark etmiyoruz.

Örneğin *Shawky* yazılımının Şevki olduğunu idrak edemeyen ve 'Sıhavkye' diye okuyan futbol spikerlerimiz ya da Elam Kralı 'NAGEEM - İD – DUN'un günümüzün Necmettin'i, İDDUN-İLUM'un da İlm'üd-dîn'i olduğunu idrak edemeyen 'ağademişyan' bilim adamlarımız gibi... Elam'ın Âlimler – İlim ya da Halk = El Amme devleti demek olduğunu tefrik edip söyleyebilmek içinse görüldüğü gibi ulusçu, milliyetçi-ırkçı-gen birlikçi yöreci, ordan buradan beraber geldikçi gözlüğünü akıl ve idrak gözlerinden çıkarmak gerekiyor, değil mi?

Nag – Nac, "Yılan" demek. Necef'in yılanlı yer, Naci'nin "yılan" olduğu gibi... Ney Nay de yılan oynatıcı 'su' gibi akışkan demek. Nag – Um'la, 'Yılan Ana'ya 'Necîme'ye yani Şahmeran'a geri dönüyor, Necmettin'in 'erkekleşmiş' bir dinin, 'Zen'in yılan anası demek olduğunu idrak ediyoruz. Yılanın, bilgece zekânın sembolü erkeklik organıyla da ilintisi olmasının yanı sıra... Zeker- Zikir; Fucker – Fikir'de de olduğu ve fikrin yeni atılımları, 'Barika-i hakikat'i doğurtması' sembolik ilişkisinde olduğu gibi.

MÖ 200'de! Rodos'tan Örtülü Meryem ve Bebek İsa'nın iki resmi ile devam edelim.

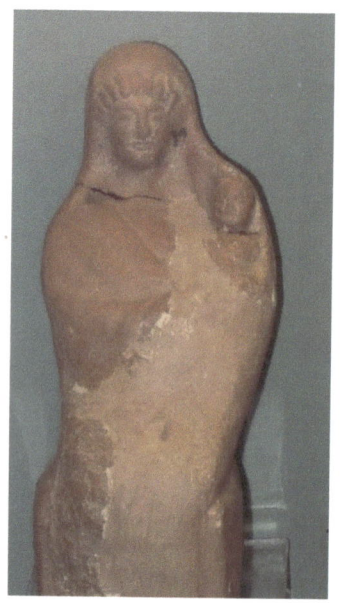

Bilmeyenler için: Hz. Meryem Hristiyanlıkta kutsal figür olarak MS 400'e kadar yoktur.

O zamanlar 'Baba ve Oğul'cu Ortodoks Bizans tarafından Ankara Sivrihisar Pessinus'ta, Magna Mater kültü ve tapınakları yıkıldıktan sonra, İtalya'ya kaçan o dinin mensuplarının çoğunluğu ele geçirip kendilerini Hristiyanlıkla asimile etmeleriyle Katoliklik mezhebi adı altında Roma'da yeniden ortaya çıktığını görüyoruz. Papa ve Ekümenik = Oğuz'un, Öküz 'ün 'O Göz 'ün' menisinden gelen Tanrı'nın yeryüzündeki oğlu Patrik kavgasının temelinde de bu hadise ve temel farklılığın olduğunu idrak edebiliyoruz böylece... Katolik papa Ana'nın Oğlu'nun yeryüzü varisi ve Baba-Oğul-Kutsal Ruh'un yeryüzü temsilcisi, Ekümenik Patrik ise sadece Baba-Oğul'un ve Baba'nın yarattığı oğul inancının geçmiş birikiminin ürünü ve yeryüzü temsilcisi farklılığından kaynaklanıyor diyebiliyoruz.

'Ana' – 'Meryem' kavramı, Ortodoksluğa ve ikonlara IX. yy'da İmparatoriçe Teodora zamanında geri geliyor. Bizim Ortodoks ve de Katolik ayırımlı Rumlarımızı da yaratarak. Papa- Patrik kavgasının da temeli böylece gömülüyor; sadece bir zamanlar konmuş ve anlamı unutularak kalıplaşmış 'ayırım' kalıyor. Askerlikteki boyalı bank nöbeti fıkrasındaki gibi...

Bu fıkra aslında TSK'de olmuş bir olaydır. Sonradan fıkralaşmıştır. Cemal Madanoğlu anılarında yazıyor: Madanoğlu, Komutan olarak tayin olduğu bir karargâhta, bir oturma bankının önünde nöbet tutan bir er görür. Sorar, neden tutuyorsun bu nöbeti? diye. Asker, bilmiyorum, sürekli değişerek tutuyoruz, geldiğimden beri, diye yanıt verir.

"Madanoğlu merakından nöbet defterini inceler ve tam on beş yıl önce bulur nedenini: Bank boyanmıştır, kuruyana kadar, zamanın komutanı bir eri başına diker, kimse oturmasın diye. O sırada komutan değişir, emir defterde yazılı kalır. Madanoğlu'na kadar, tüm komutanlar, sorgulamadan, nöbeti devam ettirirler.

Diğer tarih analiz yazılarımdan bilebileceğin gibi, keşfettiğimi sandığım ve yukarda da kısmen değindiğim ve olgu olarak sıkça gözlediğim bir 'gerçek' diyebileceğim hipotez ise göreceli her 'Doğu' kültürünün göreceli Batı'sının zaman içinde bir kopyası olmuş olduğu... Tıpkı bugün Avro/Amerikan kültürünü adım adım özümsediğimiz ve kendimizinki ile bir füzyona tabi tuttuğumuz gibi...

Bak Doruk buradaki fotoğrafa:
Türbanlı sıkma baş çıplak İsis/İştar İnanna'mıza bakın, Nepal'de zaman içinde kopyalanmış olarak günümüzde nasıl buluyoruz. Yanındaki yazılar bile ideogramik bir çeşit çivi yazısını andırıyor gördüğün gibi...

Tabii İsis'i Mısır'da, İnanna'yı da Mezopotamya'da hiç bu halde görmüyoruz. Ama 'yukardan' ya da Osiris'in kayıp çükünden döllenmek için böyle de beklediğini anlatılan hikâye biçimlerinden çıkarmak zor olmasa gerek. Yukarda gördüğümüz Çatalhöyük'teki 'kuştan' döllenme resminde de bu 'yıldızlaşmayı' bulmak mümkün. Buna mukabil, İnanna ilişkisini yandaki Mezopotamya kökenli 'İnanna'nın sağ ve sol 'düğümlerinden' ◇ Fallopian kanallarından çıkarmak mümkün.

Sular altında kalacak olan Zeugma'dan Gaziantep Müzesi'ne kurtarılan mozaik resimlerde de çarşaflı analarımızı açıkça görmek mümkün... Resim, Achilleus'u savaşmaya ikna eden Odysseus'u tasvir ediyormuş. Söylendiği gibi Truva'da savaşan Akha'ların (Ağa'ların) karıları da çarşaflı mıydı? Bilmiyoruz. Ama yukardaki örnekleri gördüğümüzde, onların da içinde çarşaflılar ve çıplaklar olduğunu ya da Grek erkeklerin baldırı çıplak ve soylu kadınların çarşaflı örtülü olduklarını ve beraber yaşadıklarını düşünmemezlik edemeyiz, değil mi?

Hoş, Grek (=Kadınlardan ve Turan Taurean Boğaç soylu saraylı Hatti Tiranlardan isyan ederek ayrılan erkeklik ve yönetim özgürlük harekatının mimarı olan Hurri'ler = Gorik = Yörükler) döneminde de erkekler çıplak. Kadınlar ise daha ziyade hep giyinik ve çarşaflı... Çıplak zannettiğimiz Amazonlar ya da Greklere göre daha az medenî zannettiğimiz Persler bile İskender'in Lahti'nde İstanbul Arkeoloji Müzesi'nde gördüğümüz gibi şalvarlı ve başı örtülü kadınlar, hatta erkekler. Takım taklavatları meydanda cıbıl olan ve sünnetsiz çük biçimli miğfer giyenler, kimine göre Grekler, kimine göre ise İskender'in ordusu. Savaş, bugünkü kapananlar ve medenî Batıcı çıplaklar Savaşı'nın geçmişteki tekerrürüdür ve bugünlerin mücadele sebeplerinin geçmişten gelen arketip dürtüsüdür diyebilir miyiz?

Savaşı Grekler kazanıyor ama yukarda da tüm MÖ 200 ve sonrası resimlerde gördüğümüz gibi 'örtünmüşlük' ağır basıyor. Egemenliğini kuruyor... Varıla... İdrak edile!..

Örtünenler tıpkı bugünkü ve Kurtuluş Savaşı'ndaki Anadolu köylü kadınlarının giydikleri ve başlarını bağladıkları gibi giyinik vaziyetteler. Bağladıkları, örtündükleri kumaşın adı da ISTAR... Bugünkü kullanımımızla, ASTAR... Ishtar tezgâhında dokunduğu için...

Bugünkü Kumaş daha sonra "keşfedilip" gelişiyor... Dokumanın "tekstil" in adı Latincede ve bugünkü İtalyanca 'da ne? Biliyor musunuz? Bak şimdi! Tessitura, yani bizim Müslümanlık kavramı ve Osmano- Müslümano- Arapça zannettiğimiz, Tesettür...

"Hahahahaha! O kadar İtalya'ya gittim geldim çok da duydum ve vitrinlerde okudum 'Tessitura' kelimesini, ama aşkolsun vallahi bana; tesettür aklıma bile gelmedi. Bu ne garip bir basiret bağlanmasıdır böyle! Bunun bir nedeni olmalı?" dedi Doruk.

"Tıbben ve psiko ilmen nedenini bilemem; ama spritüel açıklaması Babil Kulesi'nin yıkılmasıyla söylenmiş, insanlar aynı lisanı konuşacaklar ama birbirlerini anlayamayıp farklı lisanlar konuştuklarını zannedecekler, ayrışacaklar" diye güldüm. Sonra devam ettim:

"Anlamlarından biri ile tesettüre bürünmek demek, dokuma kumaşa 'astar'a sarınmak demek. O da Latince ve öncesinde Anadolu'ca... Ama bizim fanatik Müslümanlar bunu Arapça zannedip Müslümanlıkla oturmuş ve gelmiş bir kavram zannediyorlar.

Cuma'nın kutsallığının da Müslümanca sanılması gibi. Oysa Vener'di- Venüs günü, Friday = Freya'nın Free, onu venere etme, ona tapınma günü olduğu ve bu tanrıçaların azize rahibeleriyle nasıl cuma günleri cemaatle cem'i 'cimâ' yapıldığı, günün adının da ordan geldiği tarihe çoktan gömülmüş, asimilasyonlarla ve edep saikleri ile gömdürülüp gitmiş. Ama erkekleşmiş ve edepli ulvîleştirilmiş ritüelleri gene de bugüne kalmış gördüğümüz gibi. Biz de Müslümanlıkla ihdas oldu sanıyoruz. Oysa evrim basit ve mantıklı. Anaerkil dönemde tapınma günü cuma, Venüs günü. Musevilikte cumartesi, Şabat- Sebat, geçmişle hesaplaşıp ileriye yönelik plan yapma günü, Hristiyanlıkta ise pazar- peder günü. Müslümanlık en eskiyi ve 'Cem' leşmeyi geri getiriyor. Bugünkü Sünnîler de 'cuma' ve Cem kutsallığına rağmen Alevîlerin 'Cem' evine karşı çıkıyor...

Unutulmamalı ki, Hz. Muhammed de O'nu büyüten amcası da sonradan karısı olacak olan Dişi Firavun 'Hatçepsut'un kronolojik transpozesi ve etimosembolik iz düşümü ◇Hatice Ebu Suud anamız da birer 'tessitura' = kumaş ve 'bahar-at' tüccarı.

Bahar kelimesi de bekâr ve bekâret' ten Boğa'lara kadar uzanan başlı başına bir alem de, açılma yeri ve zamanı burası ve şimdi değil.

Tesettür kelimesinin de kökünde gördüğümüz gibi, gene Ishtar tezgâhı dokuması ve Tanrıçamızdan hareketle 'setr' var. Hani Üsküdar'a giden kâtibinki de 'uzun' ama eteği de 'çamur' ya! o işte... Setresi uzun... denilen...

Bak, İbranicedeki üç kelime Müslüman'ca sanılan tesettürü ne güzel açıklıyor:

Lehistater, saklanmak;

Lehastir, gizlemek saklama;

Be seter, saklıca, gizlice demek.

Doruk iyice şaşırmıştı, devam ettim...

"Evet, sevgili oğlum, şu ana kadar konuya 'egzoter' dış görünüşü ve günümüzdeki vülger neticeleri ile yaklaştık ve oldukça yüzeysel bir kronolojik, sadece bir görüntü tespiti yapmaya çalıştık. Dilersen biraz da işin içine 'Kralî Sanat Semboliği' ve metodolojisini sokarak bu konuda tefekkür etmeye çalışalım," dedim...

"Tamam baba, sanırım dalışa geçme zamanı geldi bence de" dedi.

Semboliğin temel kuramı gereği, 'vahdet'lerinin idrakine ulaşmak için, konu ve hipotezlerin hep birbirlerine zıt içerik ve açılımlı yönlerini ortaya çıkarmaya ve zıtlıkların nedenlerini keşfetmeye çalışacağım... Tabii bu seçilen iki zıt unsurun yanında, konunun kendisi 'merkez' alınarak, kendi dairesini oluşturan daha 360 üstü 360 üstü 360 derecede ve sınırsız sayıda küresel olarak yayılmış pek çok çap ögesi de olduğunu ve olabileceğini de idraklerden uzak tutmamak gerektiğini vurgulayarak...

Özetle söyleyeceğim şey şu. 'Hiçbir şey, bu sadece budur' diye kesin olmamalı, olamaz da. O nedenle söz konusu konu ve kavram, söylediklerimin yanı sıra daha pek çok öge de içerebilecektir. O yüzden, gene Kralî Sanat da denilen 'Semboliğin' kuralları gereği okuduklarından, yeni, benim görüp de bahsedemediğim, ya da göremediğim, idrak düzeyimi artıramadığım, çağrışımlar edinen herkesin bu keşfini ve çağrışımlarını benimle ve insanlıkla paylaşmasını dilerim. Sen de ve kitap haline geldiğinde okuyacak olanlar da yazarsanız sevinirim," dedim.

Dolayısıyla hipotezlerden birisi de pek duymak istemediğimiz ya da bize ters gelen 'gerçekleri' yansıtıyor olabilir elbette. Dilerim hiç kimse aman, 'idrakten vazgeçelim', 'inancın cehaletinde kalmak daha iyi ve daha huzurluymuş', 'kafamıza bir şeyler oldu,' deme yoluna sapmaz, o yolu tercih etmez...

Şimdi gelelim bir de bugün yeni bir şekilde 'moda' ve 'siyasi simge' oldu zannedilen, yukarıya doğru sivrilen bağlama biçimine, 'türban' dediğimize yani.

Onun evrimi daha da ilginç… İlginç olduğu kadar da bugünkü ahlak ve değer yargılarımız açısından çarpıcı, edepsiz ve de vahdetinin içindeki düalitesinden biriyle de infial uyandırıcı da olabilecek. Oturduğunuz yere iyi tutunun veya da okumaya devam etmeyin.

'Türban = Baştan doğan' demek de olduğu olasılığından bahsetmiştik. Tarihe baktığımızda, karşımıza en fazla bilinen ilk 'Baştan doğan' olarak çıkan 'Tanrıçasal' figür ise malum. Bugün harf dizilim farkıyla ses olarak Asena da dediğimiz Athena…

Zeus- Deus- Deyyus – Zevc'in kafasından doğuyor. Bu adların hepsi Zeus isminin açılımları. Evveliyatı ilk Piramiti yaptıran Zozer'e kadar gidiyor. "Sezar" ad ve kavramı bile ona dayanıyor. Eğer daha da eski "ses evveliyatı" yazısızlıktan ötürü ses duyamadığımız Çatalhöyük, vs., Anadolu'da da değilse...

Evet, Grek Tanrıların Sezar'ı, Zevc Efendi, kadınlarla aşık atarak kendinden iki doğum yapıyor...

Biri başından 'fırlama' diye bildiğimiz ama bir anlamda kadınlara primi geri de veren 'Athena'; öteki ise sembolik PUT- PEDİ = Çocuk/Ayak ilişkisi ile baldırından doğurduğu 'Dionysos.'

Şimdi Athena- Asena 'Teyze'mize bir bakalım:

"Bak," dedim, Doruk'a, "bu arada hazır yeri gelmişken teyze ve dayı sözlerimizin de kökenini bulalım ister misin?

Güldü, "Bu sefer ben senden öndeyim sanırım," dedi. "Teyze'yi Latince/İtalyanca kullandığımız Magna Mater dönemlerimizdeki Deessa = Tanrıça sözünden bugüne transpose olmuş 'Yüce Ana'nın' kız kardeşi anlamında kullanıyoruz diye biliyorum; tabii gene çok kimse bunun farkında falan değil," dedi.

"Dayı ise gene 'Yüce Ana'nın erkek kardeşi' Deu- Dev den gelme olarak zihnimize kendini dank ettiriyor," diye de ilave etti.

"Çok sevindim. Peki, bizim köylülerimiz yeni tanıştıkları yabancı yaşlı bir erkeğe neden 'amca 'değil de 'dayı' derler, bunu da tahmin edebiliyor musun? diye sordum.

Önce biraz düşündü; sonra kahkahayı bastı. "Anamızın kardeşi olsunlar da onla ilişkiye girmesinler diye sanırım, dedi...

İsis ve Set ilişki iddiaları ile Hamlet'in annesi ve amcası arasındaki ilişkilere de hele ki Anadolu'da da oldukça sık rastlanan bir âdet olarak, kadının kocası öldüğünde, karısını erkek kardeşi ile evlendirme töresine de değinip vurgu yaparak, 'Amca'lara aman dikkat, '" dedik ve Gülüştük ... Sonra devam ettim konuşmaya...

"Sosyopsikolojik bilinçaltı kavramını devreye sokup olguyu 'idrakimize' taşıdığımızda bu yan yana iki fotoğraftaki görüntüler birbirleriyle ilintisizdir diyebilir miyiz?

Bu ilintileme, tabii çok tanrı/tanrıçalı zannettiğimiz, ezoter 'hakikat' idrak ettirici inanış biçimlerini terk edip onları 'bizden' saymadığımız için, bugün bu ilintilerin tekrar tesis edilebildiğini görmek pek

çok 'inanç' düzeyinde kalarak yaşamayı tercih eden, kendilerini kendi kendilerinden 'hür'leştirebilmekten korkan, Mevlâna ve Yunus'un tabir ettikleri gibi, "benlerinin içlerindeki beni" idrak etmeye çekinen ve ruhlarını 'kul – köle' kalmaya bizzat kendileri mahkûm etmiş insanların infiallerine sebep olabilir.

Oysa basit bir idrak, bu 'akıl ve zekâ' tanrıçası diye tanıdığımız, babasının beyninden fırlayan Athena- Asena'nın, Romalı Rom Us = Şehir Aklı ve Rom Ulus = Şehir toplumu kardeşleri büyütüp besledikten sonra Orta Asya'da seneler sonra kopyalanarak Demir dağı eriterek...

Ergenekon'dan çıkmakta rehberlik yapan dişi kurt Asena'laştığını takip etmek 'kıllı, yırtıcı ama anaç, yavrularını beserip onları büyüten, Kutsal kitaba göre Havva'nın yaratımından önce Tanrı tarafından cezalandırılarak kurt çocuklar doğurmaya mahkûm edilen Lilith Ishtar'la da bağlantısı kurulabilirse meseleyi anlamak daha kolay olacak.

Hele ki, Ergenekon kelimesinin bugün 'düşmanımız' dediğimiz Yunanca lisanındaki Urgon Agon = Nihal Atsız'ın bilmeden Orta Asyaca sanıp 'Öldüren İş' dediği; 'Acı' veren, 'Ağu' salan, 'Agonia' veren iş anlamında olduğunu da öğrenip idrak ettiğimizde...

Urgon- Urgos/Argos'a da bugün hâlâ "Irgat" diyoruz, ama ne dediğimizin ve de nece konuştuğumuzun farkında bile değiliz tabii ki. Türk Dil Kurumu da kurucusu ve finansörü Mustafa Kemal'e rahmet okuta okuta dünyanın ve insanlığın en eskisi 'Anadolu kökenli'

lisanımızın hangilerini kendinden nasıl doğurduğunu, o doğurduklarından teknolojileri ilerledikçe kendini nasıl tekrar sürekli döllediğini ve sürekli yeni doğumlar yaptığını araştırıp ortaya çıkaracağına, bugün kendi lisanının zenginliğinin ve çeşitliliğinin geçmiş katliamını yapıp masa başında aklı sıra temizlik yaptığını zannederek lisanı temizleme adı altında 'irfansızlaştırdığını' ve katlettiğini, bunu ilk fark edenin bizzat Mustafa Kemal'in kendisi olduğu halde fark etmiyor, biz de genelde bunu idrak edemiyoruz. Aklımızca Türkçeyi kurtarıyoruz sanıyoruz... Onu öz zenginliklerimizden mahrum bıraktığımızı idrak etmekten her gün gitgide uzaklaşarak ve kafamızı devekuşu gibi kuma gömüp başkalarını görmediğimiz için, millî-ulusal bütünlüğümüz var, ya da kendimizi kandırıp onu koruduğumuzu zannederek...

Oysa Athena'nın adının bize anlattığı daha ne marifetler var... Adının bir anlamı da At Hena yani Kınalı Kır At. Atina'ya demokrasi de onun sayesinde geliyor... General Perikles efendinin baş koruyucusu. Tabii biz Osmanlıcayı bizden saymadığımız ve lisanı temizleme operasyonu yaptığımız, Eski Yunan da, düşman olduğu ve Müslüman olmadığı için, ona da bakmadığımızdan "Ferikli"nin Kolordu = 'Fırka' başkomutanı (Bugün Korgeneral) demek olması ile Perikles ilişkisini aklımıza bile getiremiyoruz... Athena'nın ve askerlerin başındaki 'Ferik' tüylerle, 'Akça ferikler, ince ferikler' türkülerimiz ile de ilişki kurmadan... TDK ve de Orta Asya'dan geldiğimizi sandırtma masalcıları onları çoktan 'bizim değil' – 'bizden değil' diye tırpanlamış atmış...

Ferik'in çok anlamı var ve hepsi birbirleriyle etimo-sembolik ilişki içindeler. 'Olgun buğday başağından, genç tavuğa' kadar uzanıp, oradan da başa takılan 'şahin' tüylerine, 'horoz <> Horus ibik'lerine (i- bik = tanrısal bog'luk 'büyüklük' işareti, tacı) varıncaya kadar, geniş bir daireyi kapsıyor.

Oysa bu 'Ferik'ler de 'tefrik' kavramının ve yeteneğinin 'zeki idrak'in' bariz etimosembolik akrabaları da gördüğümüz gibi. "Başı göğe ermek" kavramının sembolik tezahürü. Aynı, Athena'nın miğferinde ve bugün 'simgeleşen' türban bağlama biçiminde de gördüğümüz gibi.

Bu biçim arada orta çağ şatolarının leydilerinde sonra Osmanlı sarayında hanım sultanların Boktâc (Tanrısal taç) denilen üzeri tülle örtülen şapkalarında hep devam edegelmiş. (Kimileri Boqtad da ya-

zıyor) Bugün de Batı lisanlarında 'Hanım Ana' deyimimizden devşirme, "Hennin" olarak kullanılıyor. Belçikalı tenisçi Justine Hennin'e sorsalar, o da soyadının anlamını bilir mi? Merak ediyorum. Hennin'le tabii bu arada gene Athena'dan ötürü kutsal' bir kavram olan 'Henna = Kına' ile de karşılaşıyoruz. 'Kına yakmak, kına törenleri tamamen Athena ayin rit ve ritüellerimizden ve tabii Çatalhöyük'e kadar uzanabilecek günlerimizden kalma bir töremizdir diyebiliriz.

Evet, Athena'dan bahsederken, demokrasi dedik.... Demokrat Parti 1950'lerde iktidara geldiğinde Anadolu Halk sosyo-psikolojik bilinçaltının büyük coşkusu ile onları "Demir Kır At!" diye karşılamadı mı?

Bilgileriniz için demirin Anadolu'da icadı MÖ 1300 – 1200'lerde.

Kadeş Savaşı'nda Hititlerin demir silahları var; Mısırlıların Bronz…

Ama Truva Savaşı da 'eğer gerçekten olduysa' ve İlyada ve de Odysseia sadece birer ezoterik sembolik ve parabolik yani tembih, nasihat verici hikâyeler manzumesi değillerse, onlar da aynı tarihlerde deniyor…

Ama!..

Bu 10 yıl sürdüğü söylenen Truva Savaşı'nda demirin esamesi yok… Homeros'un, eğer o da bir kişi ise! bir halk değer yargıları bütünü yani güncel İngilizcesi ile *Humour*'u değilse ve bu 'adil – Ömer' hikâyeleri ni MÖ 900'lerde yazdığı söylenmesine rağmen bir kez bile demirden bahsetmemesi ve hep tunç mızrak ve kat kat deri kalkanlardan bahsetmesi çok ilginç… kafa karıştırıcı, gerçek idrak ettirici, "dank" ettirmeler yaşatıcı, nirengi taşları olarak görünüyor.

'Tarihlerde ve kimliklerde' bir hata, bir uydurmaca, bilimsel alanda başka bir Truva Atı var diye bas bas bağıran bir olgu var gibi duruyorlar karşımızda…

Kanımca MÖ 900 olsa olsa bu çok daha eski hikayelerin ya da daha eskiden olmuş olabilecek ve anlatıla anlatıla gelen aktarımların yazıya dökülme tarihidir demek daha yerinde olacak.

Dolayısıyla bu hususun ve dikkat çekici bu çarpıcılığın daha pek çok araştırmaya yol açması gerek. Ama şimdilik bizi ilgilendiren kısımları 'önemle' vurgulayalım. Nice tefekkürlere ve bilimsel metotlarla çalışmalar yapılmasına yol açmaya çalışalım. …

İlyada'da

* Sparta / Isparta'lılar, Tanrıça Athena tarafından desteklenirler. Truva ise Feride Ana (Afrodit) tarafından...

* O tarihte, daha bugünkü Atina falan ortada yok, ama Isparta var!

* Hesiodos: Baba, Anadolu'nun mümbit topraklarını bırakıp da niye bu çorak diyarlara (Atina'nın karşısındaki Boetia'ya) geldik diye, anca ta MÖ 700'lerde yazıyor?

* Ispartalılar'ın renkleri kırmızı

* Truvalılar'ın renkleri mavi

* Ispartalılar'ın kalkanları kırmızı ve üzerinde Kırat var!

* Truvalılar'ınki Hilâl Ay. Müttefikleri Amazonlarınkiler de...

Amazon dediğimiz 'ad' bulgularıma göre bugünkü yazılımla UMM Adon = Tanrı'nın Ana'sı demek... Bilim dünyası bu adı başka yerlerde arıyor. Anaerkil başlangıç ve günümüze etkileri es geçilmiş, idrak edilip bağlantı kurulmamış; ya da hadi ben de biraz komplo teoricisi olayım, Vatikanca, Meryem'i ve oğlunu 'Mer'î' ve 'Tekliği' zedelenmez tutmak için, mahsus devreye sokturulmuyor...diyeyim. Akılları sıra tedbirlerini bile almışlar, günün birinde bu, ister istemez anlaşılacak diye... 'Anti-Christ gelecek' korkutmacasıyla... Oysa gerçeğin tespitinin İsa karşıtlığı ile ne alâkası olabilir ki? İman edemeden inananların kiliseye para yağdırmayı kesme olasılıklarının, korkularının dışında tabii ki?..

Bugün ise, Türkiye'deki Ionya = Yunan'ya ile yine Türkiye'deki hâlâ ayakta duran Isparta arasında, adının güncel Türkçede karşılığı olmayan, ama Hint Avrupai dediğimiz lisanlarda 'sınır- bordür – bordır' demek olan Burdur isimli göl ve kent bile var... Ve de hepsi Anadolu'da... Zaten 'Karşıyaka'da, MÖ 1200'lerde hiçbir şey, hiçbir meşhur bilim adamı, politikacı, mimar, sanatçı, vs. yok... Ama bugün var sanıyoruz. Hatta o kadar ki, gelip Anadolu'yu kolonize bile ettikleri masalı 'bilimsel gerçek' olarak yerleşmiş vaziyette.

Oysa, MÖ 500'lerden sonra bugün Avrupa ve Amerika'nın bizi etkilediği gibi kültürel ve emperyalist etki yapmalarının dışında, kazın ayağı hiç de öyle değil. Yani Anadolu'yu kolonileştiren ve zamanının MÖ 500'den sonra 200-300 sene boyunca kültür emperyalizmi yapan Helenistik medeniyettir denebilir, ama hiçbir zaman Helenistik medeniyete Grek Medeniyeti ya da Yunan Medeniyeti diyemeyiz, dememmemiz gerekir. Onlar zaten hasbe has Türkiye Anadolu'sunun bağrından çıkma kavram ve medeniyet etapları. Nitekim kendisi de bir Helen olmasına rağmen günlüklerinde yazıldığı veçhile Büyük İskender, hocası Aristo'nun anlattıklarından etkilenerek 'Ben Grek (asaletleri olmayan mavi kandan gelmeyen, beyaz Turanlı- Tiranlı olmayan Gorik Yörüklerin demokratik şehir devletleri) medeniyetini tanımak istiyorum,' diye nereye yürüyor? Anadolu'ya değil mi? Atina'ya değil!

Zaten son 5000 yıllık yazılı tarihte bir tane bile 10 yılı aşmış insan bulundurmayla oluşmuş bir "Batı'nın Doğu'yu istilâsı ve işgali" yok... En uzunu bizim 'Alişan" (Alexandre- İskender) Efendi. Emperyalizmle göreceli Doğu'ya kültür, ekonomi ve sermaye- *know how* ihracı ise hep var... Hatta göreceli Doğu'da bunlar özleri ve nasıl çalıştıkları idrak edilmeden 'şeklen' alınıp uygulandıkları ve kurallara bağlandıkları için zamanla 'dinleşmiş-töreleşmişler' bile... Kuşaklar kendi aralarında uzun sürede ilgisizleştiklerinden ötürü de bunların şıppadanak tefrik ve idraki şimdilik zor; ip uçları gömülmüş. Tarihin labirentinde Ariane'nin ipinin uçları kaybolmuş.

"Şimdilik bu kadar," bir an diye durdum ve "Daha iddialı konuşmak için daha fazla bilgi gerek. İlerde, zaman makinesi de yapılırsa, o zaman gide gele görür, hata ve eksiklerimizi de tamamlarız... Ama uzaydan ya da Atlantis veya Mu'dan gelenler ya da Gobi çöllerinin kumlarının altında uyduruk zaman zikirleriyle varsayılan olmadık büyük şehirler veya medeniyetler hayallerinin falan peşinde koşacağımıza, elimizin altındaki, pek çok üstü gömülmüş 'gerçek' olasılıklarına eğilmenin, üzerinde yaşadığımız vatanımız açısından daha verimli ve yararlı olacağını düşünmekte sanırım pek çok yarar var." diye de ilave ettim.

"Şimdilik 'şu başı göğe erdirme' ve 'başı örtme' meselesine biraz daha geri dönelim.

Fotoğraf MÖ 6000, İran Kürdistan'ından

Bu arada etimolojik olarak Kürdistan ◇ Gordiya ◇ Gorciya (Gürcistan), vs., hepsi dağlık bölge demek... Gorit- Kurit- Kürt = Dağlı ve de Kırsal kesimli demek. Kırsalın Farsçası 'Khord'an. Yani Kır'dan. Kürt de dağda, sosyal, şehir düzeni, kanun ve kuralları olmadan başıboş "hür" ama şehir aydınlanmışlığına 'kör' yaşayanlar, "Köroğulları" demek. Ama "Tanrıya -Göğe" daha yakın olanlar da demek. Bu nedenle de adları "Kürt"ler. Batı dillerinde Horde- Herd olarak da kullanılıyorlar. Kürtçe'de de KHorde aynen Batı dillerindeki gibi 'sürü' demekmiş zaten. Güncel Türkçede de gene başka kavramdaş bir yazılım ve sesiyle 'Hırt' olarak da kullanıyor, söylüyoruz...

Gerisini ve neler yaşandığını, ne boş, incir çekirdeğini doldurmayacak işleri nerelere getirdiğimizi, sevgisizlikle ve Milliyetçi Cephe hükümetleri ve 'ulusçu' asimilatör, Anadolu'nun binlerce senedir kemikleşmiş mozaiğini, ne demek olduğunu dâhi bugün idrakle bilmediğimiz Türklük'te eriyiğe dönüştürmek hülyalısı politika ve anlayışlarla dağınık başıboş yaşayıp giden 'hür' 'sürü'ye kendi kurallarımızı uygulatma gururuyla nasıl kendi elimizle 'millî' bir toplum bilinci ve hıncı, hırsı, yıkıcılığı yarattığımızı varın sizler hesap ve idrak edin.

Evet, İran Kürdistan'ındaki heykelin fotoğrafına, hep bahsettiğimiz iki zıt anlamla bir daha yaklaştığımızda 'başını göğe yöneltmiş dindar ulvî' anamızdan bahsetmek tabii ki mümkün.

Ama artık başlamış olan erkek özgürlük ihtilâlinin bilinçlenmesinin etkilerini düşündüğümüzde ise yandaki Freud ve bilinçaltı karikatüründe zıddını bildiğimiz 'Erkeğin aklında olana' mukabil, 'kadının aklı ve kalbinin' yani 'Tanrı'sının ne ve nerde olduğunun anaerkilliğe reaksiyoner bir heykelinin yapılmış olduğunu da düşünmemezlik edemeyeceğimiz açıkça görülüyor.

MÖ 7000 – 4000'ler arası 'çük kafa'lı heykeller 9-10000 ler'deki Göbekli Tepe ile başlayan akımı sürdürerek, Anadolu- Mezopotamya- İran üçgeninde pek çok yerde görülüyor. Çeşitli müzeler ve yayınlardan derlediğim diğerlerinin resimleri ve haklarında bildiklerimiz, çıkarımsadıklarımız *Historia mı, Hysteria mı* kitabımda olacak.

Daha Batı, örneğin Çatalhöyük'te ise, 'çük' yılanla eşdeğerde... Ana'ya isyan mı var? Yoksa doğurduğu 'oğlu' aynı zamanda Ana'nın zehirleyici aracı olarak kullandığı yönetim erk'i mi? Azize anamız İsis de malûm, Ra'nın gizli ismini öğrenmek için büyüyle toprakla rahim suyunu karıştırıp çok zehirli bir yılan yaratıyor ve Ra'yı sokturup acısından ona 'Gizli İsmini' söyletiyor.

Bizi daha sonralarda yazılmış, Adem'in yaradılış hikâyesine kadar dâhi götürebilecek bu soruların uçlarının ve arasında kalanların kronolojik evrimlerinin tespitini birdenbire yapmak tabii ki çok zor... Ama en azından iki uçta da birden düşünülemez değil... Birinden

birini de tercih etmek zorunluluğumuz yok… Ama yılan- kadın- oğul- koca ilişkileri karşılıklı iletişimlerle, arkeolojik buluntular ve folklorik deyimlerle detaylı olarak evrensel düzeyde incelenmeli, diyerek devam edelim.

Konumuz "kafa sivriltmek" olduğu için bakalım daha başka neler bulabileceğiz?

Eski Mısır'da 'saray'lı kadınlar'ın başında da sivriltilmiş 'yumurtalar' görüyoruz…

Fikir doğuran 'zekâ' sembolü mü bunlar? Fettan'ların 'Fend'lerinin mi, ya da doğmamış, potansiyel 'tanrısal' çocuklarının 'yumurta'larının mı amblemi olmuşlar? Şahin Horus Yumurtası niyetine. Bogtâc'ların temelinde, örtünün altındaki sivrikle ilintili olduklarını ise düşünmemezlik edemeyiz gibi geliyor bana.

'Bu budur,' demek her zamanki gibi güç... Denemez de. Her denen muhakkak, her zaman olacağı gibi, 'eksik' kalacaktır. Evrendeki 'gerçek' olasılıkları sınırsız sayıda zira...

Ama... Her üç dindeki 'Âmin kelimesinin de aman dilemek ve *"Aman Aman Amaaannn"* Rembetiko Türküleri'nin de "iman" kavramının da kaynağında olan bu, 'Nasr'ların başı Amon'culuğun hüküm sürdüğü dönemlerde sarayda 'kendilerinden emin olunan' güvenilir, itimat edilir kızlar yetiştirildiğini ve bunların müstakbel Amon'un oğlunu doğurmak için hazırlanılan, dolayısıyla adlarına Amina-Emine diyebileceğimiz kızlar olduğunu idrak edebiliyoruz.

Bizim Re Sol'ümüz de biliyorsunuz 'oğul'luk kavramını sahiplenmiyor ama annesinin adı gene de malûm: Amina... Hz. Emine Anamız. Resûl'ümüz buna mukabil Nezîr'liği, yani Eski Mısır'ın 'Neter'liğini ise üstleniyor. Adlarından-sıfatlarından biri malum o Nezîr... Komiklik o ki Mısır Arapçasında Nasranî Hristiyan demek. Güler misiniz ağlar mısınız yoksa kızınıza Nesrin adını mı verirsiniz? size kalmış.

Bu kafadaki yumurta olayını, bugün 'erkekleşmiş kopyası' haliyle Nepal'de nehir kıyısında tefekkür eden ve alınlarının ortasında; Firavunlar'ın Kobra yılanı taşıdıkları gibi, Osiris'in kayıp çükünü taşıyan; bilge'lerde! de görebiliyoruz. Şahsen bu adamların orada ne yaptıklarını bilmiyorum. Efsane ve Lejandlarının güncel versiyonlarını bilmek duymak, sorgulamak isterdim doğrusu. Bu tarz sorgulamalar hem geçmiş zamanların Mısır ve Anadolu'sunu, hem de günümüzdeki evrimlerini açıklamada bize sonsuz ışıklar sağlayacaktır... Beyazlık ve Asil 'Ay'cıl' Turanîlik ilişkisini de.

Aynısını ama baş örtülü olarak bugün Tokat civarının folklorik kıyafetlerinde de görmek mümkün. Tabii burada başına Huni takanlarla 'Lunatic = deli' denilenler arasındaki karşılıklı iletişimi ve de tabii, Ana'nın oğlu Khan; Amon'un oğlu 'Khon'; Orta Asya'lı HUN ve HÖNİG ◇ KÖNİG ◇ King arasındaki iletişimleri de tesadüf olmaktan uzaklaştırdıklarını da idrak etmeye sanırım başlayabiliriz. Huni kelimesinin de kökünün başı sivri 'göğe ermiş' 'Han ve King'lerimizden geldiğini ve onlarla dalga geçmiş *de* olduğumuzu *da* böylece *de* çok şükür idrak ettik!..

Şimdilik, bugün Türban altına alınan bu "sivriliklerle" karşılıklı ilintilerin varlığının da araştırılması gerek diye önemli bir not düşüp, gözlem ve tefekkür yolumuza devam edelim... Tefekkür edelim ki Tefrik ve İdraklerle Descartes Hoca'nın dediği gibi, 'Hoca'ların Ağa'ların' dediğinin ağızlarının içine bakmadan biz, biz olma ve Kulluktan 'Hürleşmeye" gitme yolunda ilerleyebilelim, kendimizi

'Müdrîk' olalım... = Düşünüyorum demek ki ben'im (var'ım değil! O da yanlış bir tercüme yerleşmesi) ya da daha doğru tercümesiyle "Tefekkür ediyorum, demek ki ben benim" diyebilelim.

Ahhhhhhh TDK'lılar, Ahhhhhh, nenenizin mekânı cennet olsun, emi!..

Tefekkür nereeee, 'düşünmek' nere? Uyanıkken fikir yürütelim ve tefekkür edelim ki "idraklerimizle müdrik olalım, ilerleyelim. Düş görürken gördüklerimizle kendimizi düşürmeyelim, ya da hayaller rüyalar idealler ülküler peşinde koşmayalım, di mi?

Hadi, artık dilerim, şu 'milli eğitim' lâfını da yeniden maarif'e çevirirsiniz de yeniden 'irfan' sahibi bir toplum olma yoluna dönebiliriz... Ancak hayvanlar eğitilir... bir de sırıklarla desteklenen omurgasız domates fidanları ... Hoş domateslerin dalları gene eğiktir de yanlarındaki sırık onları kendilerini *dikleşmiş* zannettirir... Onlar da kendilerini adam olduk, büyüdük zannederler, sürekli bir sırığa tabi 'kul' kalarak... Sırık sırıklığından ne kadar fayda sağlıyordur onu bilemem.

Ama Türkiye'den ve de halkından bir şey sağlamasa ve de sağlayacak olmasa durmaya devam etmezdi kanımca. Sorun; domateslerimiz için sırığı bizim kullanabilmeyi becermeyi idrak etmemizde. Kendimizi sırığın keyfine bırakmamakta. Neticede ürünü domates verecek sırık değil.

Haaa, lütfen bir de şu 'bakan'ları da tekrar vezir yapın ki bir an önce önümüzden gelip geçen trenlere Oğuzlar gibi iş işten geçerken bakmaktan kurtulup, vizyon sahibi, öngörülü hedefe yönelen, 'Vizör' = Nişan alıcı, hedef tespit edici, millet adına ne yaptıklarını ve nereye gideceklerini bilen çalışanlarımız olsunlar. İsimleri, adlarının 'irfanı,' onlara ne yapacaklarını sürekli hatırlatsın ve yoldan sapmalarını önlesin.

Bir de kimse yazımın şekline bakıp da beni, 'Osmanlı'cı' falan zannetmesin lütfen!.."

Doruk, "O baş şişkinliğine Mezopotamyalı araştırmacılar Polos, diyormuş hani. Bu neyle ilintili sence?" dedi.

"Bu kelime bizim için muazzam bir anahtar. Tabii Mezopotamyacıların- Sümerologların çoğu Grekolog olmadıkları için ya da aradaki kronolojik evrensel transfer ilintisini milliyetçi- etnici- ırkçı gözlükler nedeniyle akıllarına bile getiremedikleri için, daha önce de lekesizlikten bahsederken söylediğim gibi, Athena'nın aynı ses/kavram hatta aynı anlam ve içeriği olan 'Pallas' lâkabı akıllarına gelmiyor.

Grekologlar bu Pallas'ın anlamı üzerinde hemfikir değiller. Ama bizi ilgilendiren en önemlilerinden birisi "Kız oğlan kız, bakire" anlamını taşıması. Bu bizi orospu olmayan İsis'e ve lekesiz Meryem'in de geçmişine de taşıyacak olan büyük bir ipucu. Hepsi aynı şey yani = Kul Hü Vallahi Ahad da da bunu; idrakten sonra emin olarak söylemekle, sadece o lâfı ezberleyip inançla ne dendiği idrak edilmeden kitapta öyle yazıyor diye tekrar etmek arasında ne büyük bir fark var değil mi?

Ne var ki bu Polos veya Pallas'tan p/f değişimi ile 'fallüs' yani meşhur 'çük'ümüzle de ilinti kurabilme durumumuz var ki bu da bizi yukardan beri düşündüğümüz her iki uçtaki birbirine zıt ihtimallerle de açıkça ilintilendirmekte.

*Çük kadının aklındadır

*Ya da kadının Tanrısal adanmışlığı, aşağısında değil, aklındadır; Polos Pallas- Fallos> Ballos => Büluğu ile ilinti kurulmuştur dememiz mümkün.

Büluğ ve gene çük anlamında kullandığımız 'bülük' ve de kafamızdaki zihin 'bellek' ile de ilinti kurup ortak dairelerini idrak etmek böylece zor olmayabilecektir. Zeker ve Zikir için dediğimiz, aynı vahdetteki zıtlığın Zehir ve Şeker de de olduğu gibi.

Sana konuşmamızın bir yerinde, Palestinliler için Fallüstanlılar olabilirler, demiştim. Şimdi gene 'her şey zıttı ile beraber vardır' evrensel kuralını bir kez daha doğrulayarak zamanlarında, 'Beyaz bakire kadın inançlıları' da olmuşlardır demek yanlış olmayacak ve kültürlerinde ve ayrışmalarında Tanrısal 'Ana Oğul Baba Kral vs' kavramlarının reddi bulunan Musevîlerle neden düşman olduklarının, temel inanca dayalı kökeni de böylece bir nebze daha açığa çıkmış olacak. Ekonomik menfaat çatışmaları bu inanç kavgasıyla meşrulaştırılan ayrı ve daha temel ve kök bir konu tabii ki.

Evet, bu sivri kafa tanrıçamıza tekrar dönelim…

Bunun için ve daha verimli bir karşılıklı iletişim sağlamak için Çatalhöyüklü Ana Tanrıça heykelini, yaratımın ve olgunlaşmanın üç evresine yönelen duvar kabartmasını bir görelim önce…

Çizim rahmetli Mehmet Ateş'in röprodüksiyonu... Bu arada geçen senelerde Ian Hodder diye bir 'Arkeolog Ağa' daha, Beyoğlu, Galatasaray'daki Yapı Kredi Kazım Taşkent Sanat Galerisi'nde bir Çatalhöyük sergisi yaptı ve bulguları değil yorumları ile aklı sıra, James Mellaart'ın veri ve bulguları ile teffekür ve ulaşımlarını dışladı. Kısaca Çatalhöyük'te ana tanrıça ve kültü yoktur, dediği gibi, bir de Anadolu'da hiçbir zaman olmamış bir Ayı kültü varsayımını kafalara sokmaya çalıştı.

Üstteki Nepalde de tekrar bulup gördüğümüz "yıldız Ishtar-Kybele" kadına da "Ayı" diyerek... Ben onu da; yazıları ve fikirlerini de; yukarda kısmen değindiğim; Ana Tanrıça'nın ve evveliyatının ve de Oğlunun; İsa ve Meryemden çok çok seneler önceden beri var olduğunun keşfedilmesinin önüne geçmeye çalışıcı; bir Minare çalıcı kılıf dikme terzisi çabası olarak görüyorum. Yapı Kredi Kültür'ün başındaki sorumluların, Türkiye'nin önemli bir "hazinesini" ve geçmiş ilintisini heba edip köküne kibrit suyu ekmeye çalışan böyle bir projeye uyanıp da itibar etmemiş olmasını dilerdim.

Bu arada 'Ayı' ya Dayı' yani Ana'nın tanrısal erkek kardeşi, yanı sıra Deu = Dev dememizin dışında ve de Hassan Sabah'ın 'Dai'leri müessesesi dışında başka Anadolu kültür katmanı aklına gelen olursa benimle de paylaşmasını çok isterim. Şu andaki kanım, daha önce dediğim gibi 'Ana' kavramının hele hele Çatalhöyük'teki diğer "Boğa" yoğunluğu da göz önüne alındığında, Ayı ile ilintilendirilemeyeceği yönünde. Zamanla Ay'a tapan 'Medenî' = Şehirli lavukların şehirli olmayanlara Ayı demelerinin dışında... Lavuk da biliyorsun Yunanca lefko yani beyazdan geliyor. Kandaki lökositler, Anadolulu Se Leucoslar yani Silifkeliler ve beyaz tenli yoğurt gibi kadınlarıyla. Lavuk dediğimiz zaman kara yağız genç oğlanlar olarak o beyaz şehirlilerle dalga geçmiş oluyoruz fark ve idrakine varmadan...

Nitekim, Koç Anadolu Medeniyetleri Araştırma Enstitüsü'nün yerli ve yabancı yöneticileri o Ian Hodder'e hiç yüz vermedi... Ama o herifin maalesef etkilediği ya da etkilenmeyi yeğleyen pek çok 'ağademişyan'=akademisyen oldu... Herif kelimesini mahsus kullandım. Zira o kelime de bugünkü lisanda kaba ve ayıp bir anlam taşıyor ama aslı, "Her Efe" – Hayırlı adam – Hayırlı oğul – hayırlı çük – hayırlı sevgili anlamlarında...

Resimde alttan yukarıya doğru kısaca boğa- inek boynuzları ile Fallopien kanalları ve Over'leri, rahim içini, kadının döllenme yerini, sonra 'can – ruh' edinerek kanatlanan bebeği, literatürde 'Horus – İsa' olan 'yaratılmış oğulu', nihayet de yaratım majisi ile güneş plexusunde, yani göbeğinde, yukarısı ile iletişim kurmuş 'yıldızlaşmış' kadını ve veya 'insanı' görüyoruz.

Şimdi solda aynısını en az 10.000 sene sonra zaman transpozesi içinde kopyalanmış bir Kazak şapkasında görelim.

Etekte rahim içini, kollarda 'kanatlanmış' 'ben olmuş' insanı, başta da 'lotus/zambak çiçeğinden' marul suyundan, soyulmuş muz kabuğundan çıkan sivrilmiş göğe eren 'baş'ı görüyoruz.

Her ikisinin de yukarda gördüğümüz diğer "eli belinde" Yıldız İştar'larla bağlantısını kurmak zor değil değil mi?

Aynı şekli bir Çerkez şapkasında da görebileceğimiz gibi. Pek çok halı kilim ve cepken motifinde de Anadolu'da kilise, cami duvar oymalarında da Hindistan'da Nepal'de Kamboçya'da, vs. "de gör memiz mümkün.

Aynı 'baş' motifi gördüğümüz gibi, kadınların elbisesinin yanlarında da mevcut. Tıpkı halı ve kilimlerdeki 'orta dişi alanı' dölleyen 'kama'lar gibi… Fikirler de gelişmemizi ve kendi kendimizi kendimizden yaratabilmemiz için kendi kendimizi döllememizin aracı değiller mi? Var mı Orta Asya'da MÖ 7000'lerde benzer bir buluntu?

Bak Doruk, şu gördüğün resimdeki, Konya İnce Minare'den bir kapı detayı… Şimdi bu bilgilerden sonra bu salt 'Müslümanlıkla' ya da Orta Asya'cı olduğu sanılan bir Türklükle, bir kültür birikimi ile oluşmuş bir yontudur veya ince sanattır diyebilir misin?

Buradaki resim de Sivas Gök Medrese'den. Öbüründe ise, meşhur ne olduğu hakkında bir sürü tevatür uydurulan Masonluğun bir amblemine dönüşmüş bu muazzam evrensel ezoter semboliğin günümüzde aldığı başka bir hali görüyoruz.

Kaç Mason derneği üyesinin bunun idrakinde olduğunu ve ister günlük hayatında olsun, isterse teker teker milli sorunlarda ve de bilhassa bugün Türban konusunda olsun, o bilinçle düşünüp davranabildiklerini ve fikir yürüttüklerini bilmek isterdim doğrusu!..

Aynı baş motifi Batı'da zamanla Tanrı'nın oğlu 'Doğmuş Kral' olarak kraliyet amblemlerinde ve 'Tanrı ya da Ana Tanrıça' Meryem veya diğer Azizeler anısına yapılan şehirlerde de görülüyor. Şahmeran'ın da kafasında gördüğümüz gibi. Tevrat'ta yazdığına göre, Süleyman Mabedi'nde de girişteki sütunların üzerinde yedişer sıra ile dizili olan semboller de bunlar.

Bizde, 'bugün' kendimizi, ana-erkil yönetime karşı yapılmış ihtilâllerden sonra (erkek özgürleşmesi ihtilali) gelen baba'cı, pederşahî tarafta zannettiğimiz ve Ana'dan 'babasız' doğanlara da orospu çocuğu dediğimiz için, onları küçümsemek için 'başparmağımızı işaret ve orta parmaklarımızın arasına alarak' yaptığımız işarete de dönüşüyor... ana-erkil kalanlar da aynı anlamdaki işareti babamızın çükü 'Catzo (Italyanca) <> Hotoz' ile dalga geçerek orta parmaklarını havaya dikerek yapıyorlar...

Oysa aynı kalıtım gene, 'Müslüman' bir figür sanılan, ama kökü çok eskilere PUDU MA – Fadime'ye kadar giden, 'Fatima'nın eli' sembolüğinde de görülüyor... O da zamanla, gene bazı 'aydın'larca 'İslamlaştırma' zannedilip kısır vaveylalar koparılan İstanbul amblemine dönüşüyor...

Bu arada, argomuzda da anadan değil de babadan doğan baba zenginleri şımarıklar, hava basanlar için kullanılan 'Göt Lâlesi' tabiri bunlardan çok önceden beri yaşamını sürdürüp gidiyor; ama daha da öncelerde Tanrısal çocuk ve kral sembolü olmuş olduğu da ortada.

Yanlarda göreceğin Öküz inek başında da sembolize edilen fallopian kanalların transforme şekli ne kadar bariz değil mi? Tıpkı Mevlâna Türbesi'ndeki üçlünün sanduka başlarındaki çizimlerde de olduğu gibi. Sarıklardaki Yumurtalar da gene yukarda bahsettiğimiz yumurtalarla ilintideler tabii. İlerde göreceğin, Geb – Nut çizimleri ile de ….

Oğuz Han'ın da böyle lâle'nin ortasında bir minyatürü var da bulup sana gösteremedim.

İran'da Hz. Ali'yi de böyle lâle ortasında, Çatalhöyük'teki bebeğin yerinde gösteren afişler pek bol.

Oysa bu lotüsten- lâleden- maruldan – zambaktan- lahanadan çıkışlar Çatalhöyük'ten, Müslümanlıktan çok önceden beri var oldukları için Anadolu Hristiyanlığında da kendini göstermiş tabii ki.

Resim MS 900 Van Akdamar Adası'ndaki Ortodoks Kilisesi'nden.

Haç lotus lâleden /zambaktan doğuyor.

MÖ 400' lerde de bugün adını 'Serkeş' e de dönüştürmüş olduğumuz Ispartalı 'Soylu Aslan Leon Hatti'yi (Leonidas) katleden Pers kralı Xerxes de tahtta elinde 'Tanrısal Doğumdan İnen Kraliyet' amblemine dönüşmüş olan, toplarıyla 'erkekleşmiş' lotus /zambak çiçeği ile görülüyor.

Doruk, "Baba," dedi, "sık sık zaman içi 'erkekleştirilen' ritüellerden bahsettin. Onlara birkaç örnek daha versene..."

Bu resim *Ah Azize vah Azize* diye adına türküler yaktığımız İsis Ana'mızın kutsal doğum, daha doğrusu kendini, çükünü kaybetmiş ölü kocasından dölleme sahnesini anlatıyormuş.

Ölü Osiris'in çük'ü kayıp olmasına rağmen, İsis allem ediyor, kallem ediyor, hamile kalmayı ve 'babası ölü' oğluna döllenip onu doğurmayı beceriyor... Toth Hermes de kendine yardım ediyor; Bugün 'Nebî'ye de dönüşen; Osiris'in 'üvey oğlu' Anubis ile, annesi bugün Nebahat ismine dönüşen kız kardeşi ve aynı zamanda da kuması ve eltisi Nebhet de kendisiyle iş birliği yapıyorlar...

Nebhet'in Grekçesi de Nephtis, yani, hem 'Nefs' hem de 'Neft'-Petrol anlamlarına açılabilecek bir isim. Nefs ve Petrol, güzel bir kuvvet – güzellik, düz değneği oluşturuyorlar değil mi? Bu olay ve anlatıların sembolik derinliği şu anda düşünüp idrak edebileceklerimizden daha da derin bir sembolik olsa gerek. Ama konumuz şimdilik bu semboliğin analizi değil...

Bakalım, bakalım... MÖ 900-500'lerde bu hikâye ve sembolik ne oluyor, ne hal alıyor?

Fotoğraflarda Zerdüşt'ü aynı kutsal doğum sahnesinde ve sadece kadınlara mahsus olan, rahim ve boğa inek başlarında gözlenen fallopian kanalları ile görüyoruz. Elinin 'Hacivat'vari pozisyonuna da dikkat etmekte tefekkür açısından yarar var. Bilhassa Hacivat ve Karagözü de bugün sahiplenmeye kalkan Helenistanlılar karşısında hazırlıklı olabilmek için.

Mezopotamya döneminde yaklaşık MÖ 2000'de bir silindir üzerinde, gene Ishtar – Isis'i gökten inerek dişi hilâlle desteklenmiş ve hamile kalmış olarak kayıp kapalı hermetik çük ve dölleri üzerinde yükselirken görüyoruz. Hatta kayıp çük'ü kapalı olduğu yerden 'indiğini bildiğimiz cehennemden' kurtarıp Hz. İsa gibi 'göğe taşıdığını' da söyleyebiliriz.

Bak şurada ise, Şahmeran ejder Tiamat duruyor. Burada uzun sürmesin diye sadece Enoch ◇ Anunnaki ◇ Neşili ◇ Nikola ◇ Nisâ Oğlu ◇ 'Adem'in oğluna dönüşen Hanok" ◇ kadının oğlu Tanrısal gökten inmiş 'enik'ler kavramlarının aralarındaki ilintilerini vurgulamakla yetineceğim. Bu eniklere, Enîsan ◇ bugün, insan diyoruz. Bunlar 'şehirli.' Lisanları Neşilice (Hititçe), Neşa kentinde, yani, Nev Şehir'de *New Shire*'da oturuyorlar...

Bunların zıttı ise, dağlı 'Aziz'lerden yani 'Hay'lardan doğan, 'Hay Bin = Hayvan', yani Hay-at'ları olan ölümlüler. Bu fark da öyle, az etni ve "ırk" yaratan bir kapışma değil... Örneğin, Ermeniler 'Hay'lardan geldiklerini söylüyorlar. Hag- Hexe = Cadı yani 'yüce büyücü' olan demek- Hag'ilik Hacı'lık, 'Hagia- Aya'lık' da aynı kökten. Azizliğe dönüşüyor zamanla, 'h'yi bazı zaman yutuyoruz. Ağa ve dişisi Ece de (Mısırlılar 'c' sesini söyleyemediği için Ece, Ege oluyor, sonra yerleşip Yunancaya transfer oluyor. Tabii erkek zannedilerek) Arada Akha Ağa da olarak gene erkekleşiyor. Haymana da öyle... Hay'dan gelen, Huy'a gider, aşağılayıcı lâfımız da aynı kaynaktan... Huy = *Quouille*, (Kuy okunur) Rusça ve Fransızca da erkeklik organı ve testisler demek. 'Hay'ın yarattığı, anca o olur' gibilerden, babaerkilliği küçümseyen anaerkil kökenli bir deyim olduğu anlaşılıyor velhasıl.

Neyse bu konu da daha kitaplar dolduracak kadar çok derin de ama bak, MÖ 900-500'lerde Zerdüşt ağabeyimiz gene neler yapıyor:

En egzoter anlamıyla kayıp çük'ten kendini dölleyen bir 'erkek' hangi hikmetle genel kabul görmüştür, 'menelemek' ve idrak etmek, vallahi zordur.

Hadi eskisinin kadınca yapılan hali bulunmamış olsa, vardır bir ezoterik hikmeti diyeceğim, ama burada yorum yapma hakkını kendimde bulamıyorum. Şu an için aksi ispat edilinceye kadar, Hıdırellez'in bugün almış olduğu 'iki erkek buluşması' hali kadar bir 'inanç' komikliği transpozesi olarak geliyor bu da bana.

Tersini düşünürsek de nasıl Ishtar, çükü göğe yükseltiyorsa, Zerdüşt de gene çükten 'mezar taşını' 'maddi çükünü' yerde bırakarak 'maneviyata' 'kutsal ruha' yükseliyor da diyebiliriz. Hz. İsa'nın ilerde çarmıhtan göğe yükseleceği, Masonların da ne yaptıklarının farkında olmadan 'sır' diye sakladıklarını zannettikleri, internette her yerde gördüğümüz üçüncü derece işaretinde aynı doğrultuda çüklerini kestikleri ve karınlarına 'sezaryen' yaptıkları gibi...

Mezar taşlarının evrensel çük semboliğini, serpuşlarla, sarıklarla, feslerle ve erkek türbanlarıyla paralel, ayrı bir yazımda ele almaya çalışacağımı sana daha önce de söylemiştim.

O balık kılıklı iki adam da Isis- Nebhet /Nephtis'in erkekleşmiş hali olan ve ilerde iki St. Jean = Aziz Yahya da olacak olan Ohannes'ler... Yani Horus'un iki gözü... veya İbrani Kutsal Ahit Sandığı'nı koruyan Kerubîm'ler var. Cherubin= Kerubîm Tapınılandan doğanlar demek. Dikkat edersen içinde 'karı' kelime/kavramında bahsettiğimiz 'kâr' =Kalbî sevgi apaçık var. Kerûb da bizi 'Garp = Batı = Garaip = Karaip – Garîp, Ölüm- Ölüler diyarı demek olan kavramın, sevgiliye kavuşma' semboliği ile karşılıklı ilintilendirecek... Bunlar da zaten Müslümanlığa, sağ ve sol taraf sorgu melekleri olarak transpoze oluyorlar diye açıkça görüyoruz..."

Doruk, "Her şeyin zaman içinde birbiri ile ilintili olduğunu idrak etmek çok keyifli. İnsanın ufku açılıyor ve gökten indiği varsayılan insan yapımı kurallara, inancın kölesi olacağına, hür bir akıl ve idrakle insanı tüm güzellik ve saçmalıklarıyla idrak etmek ve her olgudan bir ders çıkarmak, sonra da Yüce Yaradan'a doğrudan yönelmek çok lezzetli, çok huzur verici" dedi.

Gülümsedim ve "Evet oğlum, inançtan süratle idrak ve irfan etaplarından geçerek iman düzeyine, emin olmaya kendini yükseltebilmek herkesçe amaç edinilmeli. O zaman inanç tutuculukları ve saplantıları da neticelerindeki karşılıklı sevgisizlikler, düşmanlıklar da sona erebilir büyük bir ölçüde." dedim.

Bu en köklü Ana veya Baba Tanrı ve Oğlu; din ve inanışı, o kadar eski ve etkin ki, kuvvetli bir ihtimalle, Templiyeler Haçlı Seferleri esnasında İsa ve Meryem'in ötesinde ve öncesinde bunun zamanda

ve mekânda evrenselliğini, sadece Hristiyanlığa ait olmadığını idrak ediyorlar. Dönüşte yaptıkları pek çok şato inşaatında da bu etkiyi görmek mümkün...

Bak bu resimde, oğlunu kucağına almış biçimi itibarıyla 'Baba ve Oğul'u' yansıtan sayısız kulelerden birini görüyoruz. Baba ve erkek oğul demeye karar verişim, her ikisinin de biçimi ve bu biçimin 'şerefelerle' yansıtılan 'boğumları.' Kilise ile kapışmalarının temelinde de sanırım bu idrak zenginleşmesi yatıyor.

Resim Romanel sur Lausanne'da. O uçan VW'in çevrildiği Neuschwanstein şatosunda da ve daha başkalarında da bu kucakta oğullu kuleleri görmemiz tesadüf değil.

Facebook'da, Knighthood oynar da Viscount olursanız, sizin de kalenizin kulesi böyle olur!..

Buna mukabil, Müslümanlığın en eskilerde 'tek minareli' olan camileri daha ziyade 'Ana Tanrıça' 'Nut'u çağrıştıran, kubbe ve ufak Artemis vari yan memeleri ile yanındaki 'şerefeli' oğlu Ana ve Oğul kalıtım ilintisini de yansıtıyor denebilir.

Mezara da tüm maço görüntümüze rağmen anamızın adı ile gitmemiz de tesadüf değil zaten.

Biliyorsun minare de Müslümanlığın ilk çıkışında Bilâl-i Habeşî ilk ezanı okuduğunda yok. Eski töre ve inanç biçimlerinin doğal baskısı ile Müslümanlığa o da girmek zorunda kalıyor. Kilise ve şato kuleleri gibi...

Evveliyatı Eski Mısır'da göğü, şu resimdeki 'Nut' u; ulaşılamaz sevgilisini döllemeye çalışıp yana yakıla 'Arabesk' türküler söyleyen, sonradan kültürlere Geburah Sefirotu, Meryem Ana'ya hamileliğini müjdeleyen Melek Gabriel ve Hz. Muhammed ile Al-Lah arasında Hermes gibi ulaklık yapacak olan Cebrail Aleyhüsselâm olarak giren ama Müslüman olmayan Afrika'da da, Djibril, vs. gibi yazılan isimlerde gördüğümüz Yüce Amon Ra'nın hazine emini Nasr – Neter, 'Yeşil başlı erkek ördekle de sembolize edilen Geb'den, geliyor. Gebe bırakmak da ondan gelen bir deyim. 'Ceb'imiz de... Zira Geb Eski Mısır tanrısal panteonlarından Heliopolis 9'larının Kralı olan Ra'nın Hazine Emini'nin adı, az önce de idrak ettirmeye çalıştığım gibi.

Bunun Mezopotamya transpozesini Ay Tanrıçası'nın altında Sin adıyla, ona uzanan yeryüzünün sivri oku olarak da daha önce Harran'da gördük.

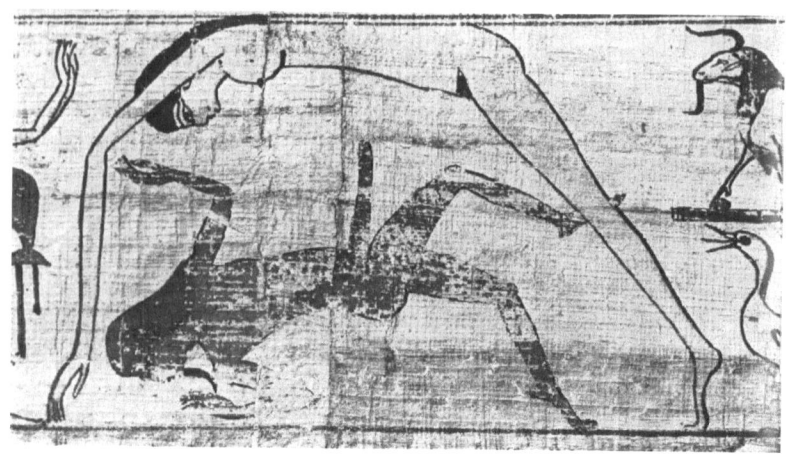

Biraz da 'baş örtmenin' ezoterik semboliğinden bahsederek biz Homo Sapiens Sapiens'lerin Ortadoğu Anadolu ve Mısır üçgeninde yeryüzünde yalnız kalarak günümüze kadar 13.000 senesine girdiğimizde geçirdiğimiz düşünce evriminin, kısaca analizini bitirelim. Tabii ki bu koskoca süreyi bu kadar zamanda tüm ayrıntıları ile inceleyip anlatmak mümkün değil. Çok şey eksik kaldı. Çok şey de sadece 'benim' idrakim ışığında ifade buldu. Bunlara sınırsız başka idrakler de eklenebilecek olmasından daha doğal ve insanca ve de Yüce Yaradan'ın sınırsız gerçekleri kadar doğal bir şey olamaz.

Dilerim 'inanç' tuzağında ve fanatizminde bulunmadan bütün idrakleri paylaşabilir ve gerilerindeki derinliklerinde taşıdıkları 'öz şer'imizi geliştirici anlam ve mesajları idrak edebilecek şekilde paylaşımlarımızı arttırırız. Tabii kişilik mücadeleleri yapma tuzağına düşmeden ya da bir şeyleri bizden fazla bilenden korkup da bizi yer diye peşin peşin onu ortadan kaldırmadan.

Evet. Kısaca ezoterik sembolik ve inisiyatik yol rehberlerinin yol aydınlatmalarına göre her 'insan', bunun idrakinde olsa da olmasa da yeryüzü ve Yüce Yaradan arasında bir iletişim aracı olmak durumunda, o amaçla yaratılmış zaten... Diğer bir deyişle, Yüce Yaradan, tüm kutsal kitaplarda da dendiği gibi, kendini bize tüm evren vasıtasıyla belirtmesine rağmen, 'insan' vasıtasıyla 'suretimiz' halinde de kendi suretini gösteriyor. O nedenle de gelenek hep, 'Kendini Tanı' demiş... Kendini tanıyan, Yüce Yaradan'ı da tanır denmiş. (Bazıları 'Kendini Bil' diye yanlış tercüme ediyor. Bilmek ve tanımak birbirlerinden çok farklı neticelere yol açıyor. Kendini Bil lafı, 'idrak' saptırıcı. Ayrıntısını sonra konuşuruz.

Bu 'gerçek', ezoter disiplin dışında, ya da inançlı düzeyde kalmış literatürde 'vahiy' kavramına dönmüş. Ezoter sembolikte ise 'şakul', alna vurulan çekiç, çift ağızlı balta vuruşu, vs. sembolikleri ile çağrıştırılmaya ve idrak ettirilmeye çalışılan 'olgu' ile de yukardan inmelerle 'mesajlarını' herkese gönderiyor. Herkes de 'kesesine' (ana-erkillikten kalma dişil öge) kafasının idrak hacmine göre alıyor, idrak ediyor ya da idrak edemiyor.

Ezoterik ekollerin geleneksel idrakine göre bu mesajlar, o kadar yoğun ki şiddetlerinden, darbelerinden yaralanmak, zihin özürlülüklerine sahip olmak mümkün. Nitekim idrak da önce 'Abdal'lıkla başlıyor. Abdal 'tefrik' etmekten geliyor İbranicede, bugün bildiğimiz ve daha eski lisanların da cahili olduğumuz kadarıyla... BDL harfleriyle yazılıyor. 'Budala' da aynı oluşumdan. O yüzden zaten Yüce Yaradan karşısında idrak düzeyine geçme durumuna gelmeden önce, 'inançlı bir budalalıktan' bahsetmek ve bundan utanmak ayıp değil; hatta gerekli. İnanç olmadan, aklın havsalasına sığamayacak olan Yüce bir Yaradan'a inanmadan, ona ulaşma, ona doğru yürüme

yolundaki öteki 'tefrik- idrak – irfan' adımlarını atabilmek mümkün değil. Ateist, 'Tanrı tanımaz' birinin bu yolu yürüyebilmesi de bu nedenle mümkün değil. Ayıp ve hatalı olan ise orda, yani, 'inanç' düzeyinde durmakta, kalmakta ısrar etmek. Müminliğe, imana, tefrik, idrak, irfan adımlarına yönelmemek.

İşte, kısa kesmek gerekirse, gerek bu darbelerin şiddetinden korunmak için, gerekse tefrik ve idrak edilen bilginin korunması, beyinde hazmedilmesi ve kendilerinden yeni fikirler doğurtturmak üzere döllenme ve hamileliklerine zaman verebilmek için, gelenek, bu idrak sahiplerine derecelerine ve cinslerine göre başlarını örttürüyor. 'Sır saklattırıyor!' Adımların bitmesine olanak yok çünkü. Aksi takdirde Yüce Yaradan'a ulaşılmış olunurdu ki, bu da mümkün değil. Belki Ölümde? Onu da bilmiyoruz ki, orda bile yeniden doğumdan bahsedildiğine göre nihai bir 'vuslat' söz konusu değil. Evrenin yüce dinamiğine bakarsak, zaten olmaması da gerekiyor. Bu nedenle çok eski çağlardan beri, en azından 'örtünme öncesinde bile' kadın ve erkek ezoter eğitim almış, sosyo-dinî yöneticiler bile belli bir dereceden sonra başlarını örtüyorlar. İlk ciddi erkek 'takke'sini de her yerini örten 'imam cübbesini' de keçi sakalı da adına "anahtar", (Muftah) 'yol açıcı' mealinde olan, 'Fatiha' suresini de adına borçlu olduğumuz, Eski Mısır tanrısı Amon Ra'nın üçüncü adı 'Ptah'ta görüyoruz. Sene, gene MÖ 2700'ler...

Fatih Fetih, Kendini fetih vs. de ondan geliyor.

Nitekim bugün de Avrupa'da bazı rit ve uygulamalarda, üstad derecesine gelmiş Masonlar da mabetlerde, görev yapan ibadet edenlerin, takke ya da çeşitli biçimlerdeki baş örtüleri gibi, Locada silindir şapka ile oturuyorlar. Daha öncesindeki inşaatlar yapan "Kompanyonaj loncalarının üyelerinin kıyafetlerinde de bu silindir şapka mütemmim bir cüz. Bak, resimdeki çarkıfeleğin yanındaki sağ ve sol taraf melekleri de tabii dikkat çekici.

Üstad dediğimiz de Farsçadan Ost-ed'den gelen, yani "Doğu'da doğmuş," güneş gibi olup mesleğini aydınlatarak icra eden ve yeryüzünde insan çapıyla Yüce Yaradan'ın Yüce- makro sistemini kopya edebilmeyi idrak etmiş olarak mikro düzeyde 'yaratan' hale gelebilmiş kişi demek. Usta da onun kısaltılmışı

İş yaparken, yeryüzünde 'inşa' ederken (inşa = şenî = görünür kılmak, yaratmak, demek. 'İnşa Allah' derken 'Allah Yaratsın' diyoruz), Şapka – Takke, başı - beyni koruduğu ve kişinin kendine has hakikatinin sırrını saklattığı gibi geleneksel âdet olarak takılan 'önlük' de göbeği, güneş Plexus'ü denilen içimizdeki döllenecek olan, kendimizi yukardan ve birbirimizden aldığımız bilgi ve idraklerle, 'fikriyatla' dölleyerek kendimizden sürekli doğuracağımız, 'erkek' bile olsak içimizdeki X kromozonunu dölleyeceğimiz, 'batın' bölgesini koruyarak doğuracağımız, yeni çocuğun, yeni fikirlerin doğmadan önce gelişeceği bölgemizi koruyor. Neden göbek dersek de ilk doğan fikir öncelikle her zaman 'karın doyurmak' üzerine olacağı için, diyor gelenek.

Evet Ezoter gelenek böyle aktarıyor. Tabii ki buna daha çok şey ilave edilebilir, konmuş taşların üstüne taş konabilir. Konmalıdır da... Konmuşları 'yıkmadan', yanlış eksik ve hatalar ile oluşan doğal idraksizlikleri hoşgörü ile, bölmeden, bölünmeden, elbirliği ile çalışarak, yol zikzaklı ve gidiş gelişlerle dolu bile olsa idrake kavuşturarak.

Müslümanlığa gelinceye kadar bu çarşaf ve başörtüsünün malum Hristiyanların Meryem olmalarını bekleyen bakire Katolik rahibelerinin de statükocu kıyafeti olduğunu unutmayalım.

Günümüzde bu 'örtünme' Müslümancı toplumda kendi içinde bölünme, dallanıp budaklanma seyrini de göstermiştir doğal olarak. Burada sadece resimlerini gösterip adlarını söyleyeceğim. Ayrıntıları ve geçmiş dinlerin inanç ve ritüelleri ile becerebileceğim kadarları ile ilintilendirilmelerini *Hysteria <> Historia* kitabımda yapacağım *Al-Lah İnşa* ettirirse.

Şimdilik sadece şu ilintilerden bahsederek ama daha pek çok idrak ve keşif yapacağımızın da yolunu açık bırakarak:

*Hicap dediğimiz Hıyab'ın 'Güneş' Baba'ya ve tabii yeryüzündekine de karşı korunma ve ondan 'utanma' ile ilintili olduğundan,

*Burka'nın <> Bourg'a, şehre çıkarken insanlardan korunma ve de tanınmaması için ihdas edildiğinden,

*Niqab 'ın kökü taa Enki ye kadar giden ve babanın çocuğunu doğurmuş kadınının saygın korunması olarak kullanılmaya evrim göstermesinden,

*Shayla denilen Türkçedeki Şal'ın gene Güneş Tanrı Helios la Hal – di ile ilintili olmasından,

*Nihayet Chador 'un da Türkçedeki Çadır- çarşaf kavram /kelimesi ile ilintili olduğundan bahsederek kendini zamanla örtmüş bir Horus'un karısı Hathor'a kadar da taşıyabileceğimizi not alarak ama tesettürle de ilinti kurarak konuyu bitirelim.

Nikâb – Niqab = Peçe, yüz örtüsü. Burkadan farkı gözlerin açık olması.

Nikâb-ı Zulmanî = Karanlık Peçe, Hicap'tan ve diğerlerinden farklı. Bu arada Zulmanî içindeki Süleyman ve Soley Man Güneş adam Süleymanî ile Zulüm ve Romencedeki Çük kafalılık deyimi olan Suleiman kavramlarının karşılıklı ilintileri de oldukça ürkütücü gerçekleri de ortaya seriyor.

Resimdeki Hiyab yazılımı İspanyolca. Arabo Türkçesi Hicab – Hicap, utanma, sıkılma demek; ama aynı zamanda *perdeleyen zar* da demek. Diyafram, rahim zarı, bebeği rahimde koruyan zar, kalbin

boşluğunu kulakçık ve karıncıklara ayıran zarlar gibi.

Burka = Erkeğin şapkası da Orta Asya kültür ve lehçesinde Börk… Burg'a, şehre çıkarken giyilen burjuva, şehirli örtüsü anlamında.

 Burada Sayın Muazzez İlmiye Çığ'ın Ishtar rahibelerinin şehirde dolaştıkları kıyafet ile olan ilintilendirmesi de tabii hemen akla geliyor.

Nik'ab = Güneşten ve güneş tarafından döllenmekten koruyucu. Hiyab ve Nikab içinde AB son eki ile EV–HAVVA / ve sonrasında ABU Baba da görülüyor Nik etmenin, yaratmak üzere sevişmek olduğunu da unutmadan…
Görüldüğü gibi, Hıy-ab – Hic-ab daha ziyade Hay akımı kökenli, Nik-ab ise Enki Enîs akımı kökenli farklılıklar. Ama İslamiyet'te de füzyon yaptıkları ama gene de ayırımlar yaratarak farklılıklarını korudukları ve mezhep ya da tarikat farklılıkları yarattıkları görülüyor

Shayla = Bugün Batı'da şal dediğimiz örtü. Batı'da genelde artık sadece omuzlara alınıyor, burada ise başa örtülüyor. Kybele Artemis vs. ve öncesinden bildiğimiz Başı ay'lılık, döllenmemiş aybaşlılık, Şah-Aylı'lık hali ve ritüellerinden kalma bir bekâret ve iffet örtüsü olduğunu adından da takip edebiliyoruz.

Chador = Çadır'ın kadının üstüne giydirilmişi, geçirilmişi. Mısır'lı Khator-Hathor'la da zaman içi akrabalık homonimitesi yani güncel Türkçe ile sesdaşlık ilintisi kurulabilir. Bizim güncel Türkçede çarşaf yaptığımız örtünme biçimi. *Chador* ile kapatan anlamındaki İngilizcedeki *Shutter* ya da perdeleyen, gölgeleyen anlamındaki *Shador* ile de homonimite yani sesdaşlık ilişkisi kurabilmek mümkün; ama bence yabancıların *Chador* harfleriyle yazdığı, ya da Arapların Latin harflerine bu tarz bir harf dizilimi ile döktükleri ses, doğrudan doğruya Judeo-Arabo-Türkçedeki setr kelime/kavramı. Anlamı örtünme demek. Örtü de Setîr demek zaten, ki bu *Chador*'un o örtü anlamındaki Setîr'in bir ses/yazı biçimi olması kuvvetle muhtemel. Setîr de gördüğümüz gibi tesettür'ün özünde olan bir kavram/kelime.

Burada aynen Arz-Earth-Eridu üçgeninde olduğu gibi başka tipik bir özellik var gene. İtalyancada bir tarz lehçe farkı ile tesettür olarak

da okuyabileceğimiz *Tessitura,* dokunmuş kumaş demek. Bizim diğer lisanlarda ve güncel Türkçeye de yerleşmiş haliyle tekstil sesiyle söyleyip yazdığımız kavram/kelime yani. Bunun bizi Eridu gibi geçmişe taşıyan kavram/kelimesi de doğrudan Tanrıça Ishtar'la ilgili olan, üçgen biçimli yatay dokuma tezgâhının adı. Istar tezgâhı. Burada dokunan kumaşlara da Istar deniyor, bugün şehirlerde unutulmuş köy Türkçesi ile. Günümüzde bazı yörelerde buna artık Çulfallık deniyor, dikey tezgâha ise Istar deniyor.

Çulfal da Çuval'ın ya özü eskisi ya da "l" eklenerek söylenmişi. Çulfal içindeki Çul = bürünülmüş elbise ile kanımca daha anlamlı. Bu ıstar zamanla Üsküdar'a giderken kâtibin giydiği uzun setreye, sonra da günümüzde elbise astarına dönüşüyor ve Ishtar – Yıldız – Star (Parlayan kumaş) ilintisini de gördüğümüz gibi kaybetmiyor.

Özetle, gördüğümüz gibi bir teknoloji ve insan yaratımı ürünü olarak Batı'ya doğru devam eden bu kavram/kelime, tutuculukla önce onu reddeden veya kendi yapmayıp kopya edence sonraları dini bir araç, ritüelik bir şekil haline geliyor. Yapılmış, düşünülmüş ve yaratılmış bir ürün, zamanla kutsallaşıveriyor.

Merkezdeki Türkiye Anadolu halkı da ikisini de birbirinden bağımsızmışçasına ve farklı farklı şeylermişçesine, bütündeki vahdetlerini idrak edemeden lisanında ve örf ve âdetinde, bugün inceltip Töre haline dönüştürdüğümüz için en eski, Türk'e de adını veren Boğa dini ve sonrasında da gene ondan gelmesine rağmen, bugün TEVRAT dediğimiz için TORAH ilintisinin de farkına dahi varamadığımız TORA sında beraberce kullanabiliyor.

Bu örnekler sayısız. Dilerim zamanla hepsini akademik çalışmalarla ortaya çıkarır ve toplumca idrak düzeylerimizi yükseltebiliriz. Örtünmenin kutsallığı faslının da Müslümanlıkla falan ilgili olmadığını, ta Mezopotamya'da Ishtar'a tapınma ve anaerkilcilerin erkek güneşten korunma ve Tanrı tarafından Meryem misali döllenince kadar güneşten sakınma, kaçınma temel düşüncesine dayandığını detaylı olarak idrak etmeye çalıştık Doruk'cum. *Chador* ve Setre'nin Mısır'lı Seth- Ra kültü ve ritüelleri ile ilgisi ne denli vardır, ya da Ishtar'dan sonra mı olmuştur o da ayrıca detaylı araştırılacak bir konu tabii. Örneğin kadın Ishtar'ın, Astarte'nin Hindistan'da erkekleşerek Siddhartha'ya dönüşmesini de takip edebildiğimiz gibi.

Dolayısıyla bu binlerce yıllık hem ezoter hem de inanç düzeyindeki kültür birikiminin son seksen küsur senede oluşmuş ve o zaman çeşitli haklı nedenlerce Atatürk tarafından rasyonalize edilerek kaldırılmaya teşebbüs edilmiş saiklerle, sosyo-psikolojik bilinçaltından silinebileceğini ve 'insanların' kadın olsun, erkek olsun bundan vazgeçebileceklerini sanmak, tamamen safdillik ve ütopyacılık olacaktır. Bastırılan, gömülen, asimile edilen her şey günün birinde tekrar muhakkak ortaya çıkar. Kullanılmayan asfaltta nasıl belli bir süre sonra yeniden ot bitmeye başlarsa... Üstelik de tehlike, öz olarak unutulmuş esas farklı ve yoldan saptırıcı rasyonalize yaklaşım ve tahriklerle, inanç düzeyinde kalmış dürtülerce ortaya çıkacağı için, günümüzde gördüğümüz gibi, daha büyük olacaktır, olmaktadır.

Direnilmesinin ise çok acı ve yıkıcı sonuçlar vereceği de aşikârdır... Aklımız, zekâmız irade gücümüz ve kalbimizdeki birbirimizi, insanları, her ne kadar farklı düşünürsek düşünelim, sevebilme güzelliğimiz bizi bu olası yeni tufandan, 'yeni ağa'ların gelmesinden <> No-Ah Nev Aha => Nuh'lara ihtiyaç duyulmasından korusun... Ya da belki olmalı mı? Her yeni ölüm ve bu ölümden yeniden doğuşun yararları gibi?..

Aha – Ağa, Eski Mısır ve öncesi Anadolu'dan ve de sonrasında Akkatlar – Akha'lardan beri büyük erkek kardeş demek; Akh- Ahi- Aki ise küçük erkek kardeş... Ahilik, 11. yy'da Orta Asya'dan geldi diyenlere ve de sananlara hörmetle iletelim! Dişisi de Ece- Ege- Hagia- Aya -Hacıye- Hexe- Uzze- Azize- Asiye- Attia- Atiye dairesinin üzerinde demiştim zaten.

Bu arada önemli bir konu da 'ümmi'lik, yani bugün 'cehalet, okuma yazma bilmezlik' diye tanımladığımız fiiliyat.

İslamiyet üzerine karşıt rasyonalizasyon yapanlar, 'Hz. Muhammed ümmi idi de Gabriel A.S.'ın getirdiği mektupları nasıl okudu birdenbire, diye münafıklık yapmayı pek severler. Mısırlılar 'c' sesini söyleyemez Cebrail'e Gebrael derler. Hristiyanlar da o yüzden Gabriel der. Aynı nedenle de örneğin Cemal'e Gemal, Cemile'ye de Gemile derler. Bu farkındasızlık nedeniyledir ki Fethiye Ölü Deniz'in arkasındaki Güzel Kız efsaneli harabeleri olan yılların Gemile Adası yeni haritalarda Gemiler Adası olarak yazılmaya başlandı ve kültürümüzün geçmiş birikimleriyle bağlantı kurabilme imkânlarından birine daha milliyetçi bir tırpan daha vuruldu

Bu ümmilik konusuna dönersek bu 'okuma' konusuna cevap verenler de 'Allah'ın Hikmetinden sual olunamayacağından' bahsederler. Anlaşmazlık ve 'akıl zekâ jimnastik yarışmaları' sürer gider," dedim...

Saat hayli ilerlemişti, baktım Doruk'un gözleri kapanıyor, hadi oğlum yatalım artık, bugünlük de bu kadar yeter," dedim. O yattıktan sonra, beni uyku tutmayınca yarın anlatacaklarımı oturup yazmaya karar verdim ve Doruk'a mail attım. Sonra da yazacağım kitabı düşünerek yatağa gittim, hava nerdeyse aydınlanmaya başlamıştı...

Artık rahatlıkla idrak edebileceğimizi umduğum gibi sevgili oğlum,

- *Evet, Hz. Muhammed ümmî idi, ama ümmilik cahillik demek değildi o zamanlar! O cahillik erkek özgürlük İhtilâlinden sonra, yazı da bu ihtilâl döneminden sonra oturmuş olduğu için, hâlâ anaerkil inançlara sahip olanlara, kendileri okumadan anlatanların, hocaların dedikleri ile yetinenlere, kocakarı masalları dinleyip okumadan söylenenlere inananlara, erkekçilerin 'cahil-i cühelâ' diye bilahare taktığı bir aşağılama sıfatına dönüşmüş bir ifade... Oysa aslında UMM- ÜMMÜ "Anaç"- Ana – Anacı, demek.*

- *Oysa Hübel- Kybele- Hebele = Hamilelerden beri bildiğimiz gibi, Arap dünyası hâlâ kökende ÜMMİ ve ÜMMET... Bu kavram da daha önce değindiğim gibi aynı, Gök Ana NUT'un "Nisâ" nın etekleri altında yaşayanlardan geliyor.*

Her ne kadar pek çok ana-erkil ritüeli erkekleştirmiş olsalar da...

- *O yüzden Hz. Muhammed'e ümmî idi, demek son derece normal. Ama bu okuma yazma bilmiyordu demek değil. Bu tüm kendisinden önceki peygamberler ve bugün unutturulduğumuz daha da eskileri gibi "Babasız, Ana'sıyla büyümüş" hatta çocukluğunda Hübel Tanrıça olduğu için, temelinde anaerkil inançlı olmasından geliyor.*

- *Bu yüzden de zaten toplum eski alışkanlığından da vazgeçirilemediği için UMM RA, Ana Kraliçe Haccı ihdas edilmek zorunda kalınıyor. Alî ÜMRAN'lık müessesesi devam ediyor. Ümrân da zaten mimarlar demek. Yeryüzündeki ilk yaratıcı mimar da doğuran kadın- ana zaten. Maran ise işleyenler, gemi iskeleti yapanlar demek, yani kadını MA RA' yı yaratması için dölleyenler, insanın iskelet tohumunu verenler, ("Charpente Fr. "Et asılan alt yapı <> iskelet demek) yapanlar. Dülger, maran-goz lar demek. Biliyorsundur İsa da bir "dülger"*

- *Lisanımızda Arapça daha yoğun olsaydı, Şahmeran'a Şah ÜMRAN da diyor olabilecektik. Meran kısmı yılan anlamının yanı sıra Mîr- i Amon dan = Amon'un sevgilisinden kısaltılmış bir kelime olan Meryem'den hareketle daha da kısalmış Marie'ler olarak Batı'ya kaçmış vaziyette bugün. Bizde ise, Ümran isimli kadınlar daha fazla... Gerçi birkaç Ümran isimli erkeğe de rastladım!*

- *Ve de en nihayetinde Kelime -i Şahadet'te ne diyoruz?*

- *Sanıldığı ve bugün sandırılmak istendiği gibi, çok tanrılar yoktur, deseydik, La İlahat İll'Allah, dememiz gerekirdi.*

- *Erkek bir İlah'tan bahsetseydik, La -İlah İll'Allah, dememiz gerekirdi. OYSA?*

- *La İlâhE İll'Allah, yani, Al Lah'tan başka 'Dişi Tanrıça-İlahe' yoktur, diyoruz!*

- *Türkçede bu ezelî ve ebedî kavgayı bastırıp gömmek için kim bilir ne zaman, zamanlarındaki hangi haklı gibi gözüken, haklı olabilecek olan kelimelerdeki 'cins' farklılıklarını kaldırmışız ama, Arapçada da Latin lisanlardaki gibi kelimelerde cinsiyet ayırımı hâlâ var.*

- *Tıpkı "bilgiler bütünü" anlamındaki Sophia'nın da bilim dediğimiz, "La Science"ın da irfan, "La connaissance"ın da IŞIK NUR'un da La LUCE- LUX – LUGH, DİŞİ kelime ve kavramlar oldukları gibi.*

- *Bilim her şeyin "Anasıdır" da dediğimiz gibi ...*

SONUÇ

Şimdilik kapanıştan önce Hacı Bektaş Müzesi girişinden bir Bektaşi Mührü resmini de seninle paylaşmak istedim... Ortadaki İştar ana tanrıçamızın yukardaki yılanlarıyla kollarını yana açmış hallerine ve heykelciklerine paralel çizimine de Bektaşîler, "Gül" diyorlar. İsrail yıldızına gıcık olan ulusalcılarımıza ve Müslümancılarımıza Gül'ün adını arayan Umberto Eco'ya da Julius veya bugünkü Türkçesi ile Gülyüz'lü lider Sezarlara, RA SOL'lere biat edenlere de hörmetle duyurulur.

Bitirirken "bize, kendimize ait" son bir "AY Ana (İnanna) ve kucağındaki doğurduğu oğlu ya da köken itibarıyla, eskisi kızı Fadime Iştar"ı, sembolikerinden biri ile daha şimdilik hoşça kalın diyeyim. Hayırlı Tefekkürler ve aydınlık, Aydınlatıcı idrakler dilerim...

Milâdımızı, bugün birbirimizi yediğimiz farklılıkları ve her yeni devrimde, ihtilâlde yeniden tesis ettiğimiz milâdların doğurdukları komik ama acı, geçmiş gömücü, idrak köreltici neticeleri bütünde gördüğümüzde daha iyi idrak edebilmeyi umarak Homo Sapiens Sapiens'in yeryüzünde tek kalmış varlığının başlangıcı olduğu söylenen MÖ 10000'e çekmeyi kendimce uygun gördüm. Tabii artık o bugün resmi addedilen Milâdı da devre dışı bırakarak. Ama unutmayarak, gömmeyerek !..

Her 1000 seneyi "bir yaş" sayarak. 13 yaşına basmış olduğumuzu ve henüz daha yeni "delikanlılığa" geçmekte olduğumuzu, o yüzden daha da şiddetli delikanlılık kavga ve dürtülerine hırslarına da ama "aşk" ve "aşk acılarına" da sahip olabileceğimizi de göz önüne almamızı, yolumuzun da daha çook uzun olduğunu idrak etmeye başlayarak...

- *Evet, MÖ 10000- 7000 arasını, tıpkı üç yaşına kadar yaşadığımız hiçbir şeyi hatırlamadığımız gibi hatırlamıyoruz, ama onlar, olanlar tabii bilinçaltımızda.*

- *3- 5 yaş arasını, 7000-5000 arasını ise hayal meyal hatırlıyoruz. Kâh anamızı seviyoruz ve onun eğitimindeyiz hâlâ, ama baba da yaşantımızda önemli bir yer tutmaya başlıyor.*

- *5- 7 yaş 5000-3000 arası, masallarla efsanelerle, bize anlatılanlarla geçiyor. Arkadaşlarımız oluyor. Oyuncaklarımızı vermek istemeyip kavgalar ediyoruz ya da dayaklar atıp dayaklar yiyoruz.*

- *7 yaşında M.Ö. 3000'de kabaca okumaya yazmaya başlıyoruz. Artık kucaklardan inip ayaklarımızın üzerinde durma dönemi başlıyor. Okula gidiyor, temel bilimleri öğreniyor, ama kavgalar da ediyoruz. Beraberlikler, arkadaşlıklar tesis ediyor sonra onları kırıyor yıkıyoruz*

- *11000'lerde, biraz geç de olsa, ilkokulu bitirip, Rönesans'ı yapıyoruz. Daha bırakın ilkokulu bitirememişleri, ana- baba kucağından inememişler de var tabii aramızda. Ama yaş itibarıyla egolarımız giderek sivriliyor.*

- *12000'lere gelirken, artık bitimiz kanlanıyor, milletler olarak bölünüyor, farklı düşünceler yüzünden kavgalar ediyor ve dışarı, uzaya fışkırtmacı oyunlara başlıyoruz. Kim daha uzağa attırır, kim daha çok yapar yarışları yaşantımızda önemli bir yer tutuyor.*

- *Sonra neler mi olacak?.. Kendi yaşantımızdan bilmiyor muyuz? İşte ileriki binleri planlayacak en açık ve seçik plan yapma aracımız: KENDİMİZ!*

"12015"inci senemizin Şubat- Şabbat- Sebat = Planlama ayının 17. günü"

Giordano Bruno'yu, 11600'da yaktığımız günün sene-i devriyesi...

Hallac- ı Mansur'un Bağdat'ta 10922'de yakılması da martta...

Nesimî'nin Halep'te derisinin yüzülmesi ise 11417-11418'de de gününü bilmiyoruz. ... "Haydar Haydar" deyip seyrediyor mudur, dersiniz bizi kâh çıktığı gökyüzünden?

Görülüyor ki medeniyetin ilerleyiş ve yayılış nehir akışını takip ederek Hrıstiyanlığın da Ortadoğu'dan çıkıp Roma'ya ve Batı'ya yürüdüğü gibi bu ezoter kişiliklerin yakılması da zaman içinde Batı'ya yürüyüp gitmiş. Tıpkı güneşin de her gün yaptığı gibi.

Neticelerini ve olası başka yürüyüşleri ve olabilecekleri bugün varın siz düşünün, ilersini ona göre planlayalım.

Malum ama tekrarlıyalım:

Sembolik ilmini, araç olarak kullanıp, geçmiş analizi yaparken, hiçbir zaman "tek" bir sonuç ve ilişkide durmak ve "bu budur" demek doğru değil. Bu zaten mümkün de değil...

Birbirini etkileyen pek çok husus olduğu gibi kavram ve neticeler, zaten zıtlıklarıyla beraber hep varlar, hem ancak ve ancak bu zıtlıklarıyla beraber bir "vahdet" oluşturuyorlar.

O yüzden, "elbirliği ile çalışarak" pek çok hipotezi savaştırmadan bir araya getirip daha sonra da "vahdetlerini" tesis etmek gerekiyor.

Dilerim insanlık daha doğrusu fiiliyatta insanlar, birgün idrak ve tefriklerle bunu becerir.

İnanç ve İman arasındaki yöntem ve süreçte de bu becerebilme farkı var zaten.

Keyifli tekrar tekrar okumalar ve tefekkürler diler, senin ve arkadaşlarının olası katkılarınızı, idrak paylaşımlarınızı beklerim canım oğlum.

Baban...

EK 1

ETİMO-SEMBOLİK

(Gerekleri; Kullanılma Koşul Ve Kuralları)

Değerli okuyucu, tefekkür etmesini ve kendi kendine sorular üretmesini seven dostlar.

Bugün bilgilerimizi bilim vasıtasıyla ediniyoruz ve onun da oturmuş kuralları var. Bu nedenle, bilhassa geçmiş tarih araştırılırken, araştırmacılar ve onların bulgularını ve öğretilerini devam ettiren bilim adamları ve akademisyenler yazılı belgelerle yetinmek zorundalar ve bugüne kadar da hep öyle kalmışlar.

Oysa Mircea Eliade'ın vurguladığı gibi, bir şeyin yazılı belgesi, onun başlangıç zamanını değil, çok daha uzun, sadece sesli aktarıma dayanan bir geçmişi ile günümüz arasındaki geçiş zamanını belirler. Kısa bir deyimle "Yazı" ve "yazılı belge" pek çok şeyin milâdı değildir. Oysa yazıdan önce oturmuş ve uzun sürelerden beridir gelen "sözlü" bir gelenek söz konusudur. Bu gelenek tespit edilebilinir, açığa çıkarılabilinir, öğretilerinin yararlarından faydalanılabilinir mi? Pek çok araştırmacı yazar bunun "sembolik" ilmi ve kuralları ile becerilebileceği üzerinde durmuş ve de bilhassa 1950'li senelerden sonra bu açığı kapatıcı kurallar tespit etmişlerdir. Jules Boucher, Raoul Berteaux, Jean Pierre Bayard, Oswald Wirth, Rene Guenon, Annick de Souzenelle vs. bu isimlerin başlarında gelmektedir.

Bu düşünür ve araştırmacı yazarlar, "lisan" konusunda da aramızda konuşmak için kullandığımız lisanın "güncel" olduğunu ve bu lisanın zamana ve günlerin getirdiği koşullara, "zamanın ruhuna" göre değişken olduğunu, olmak zorunda kaldığını tespit etmişlerdir. Bu güncel lisan, çağlar boyunca, bugün de gözlemlediğimiz, hatta bazılarına "lisan elden gidiyor" korkusu yaşatan, sürekli değişmekte, kendisini kullanan toplumun çeşitli güncel koşullarından etkilenerek biçim ve yapı değişikliklerine uğramakta, hatta kelimelerin bir zaman belli bir anlam içeren özleri, zaman içinde o öz anlamlarının tersine dâhi dönüşebilmektedirler. Bugün daha yakın bir geçmişte yazılmış olan Atatürk'ün *Nutku*'nu bile güncel Türkçeye çevirme ihtiyacı hissedildiği gibi. Dolayısıyla bu güncel lisandan hareketle, binlerce senedir aktarıla aktarıla gelen "sözlü geleneğin" geçmiş öğretilerine dönmek ve onlara inebilmek mümkün değildir. Buna mukabil "gelenek" bir de "sembolik lisan" ya da kısaca "semboller" denilen ve geçmişten beri "hiç değişmeyen" gelecekte de değişmeyecek olan "kutsal lisan" da denilen bir iletişim aracına, diline sahiptir.

İşte geçmiş öğretinin çeşitli saiklerle, toplum ayrışmalarıyla, ekonomik nedenlerle, kültür farklılaşmalarıyla, dinlerle, inanç biçimleriyle "bizden"; "bizden değil" gibi insani dürtülerle vs. farklılaşan güncel dillerinin bilimsel olarak geçmişi araştıramama handikabından sıyrılarak hiç değişmeyen ve insanlığın tamamına ortak olan bu lisanına "sembolik" dil, "semboller" ve bunları etüt ve kurallarını tespit eden disiplin ve sürece de "sembolik" denmiştir.

Bazıları sembolizma kelimesini de kullanmaktadırlar, ama bu kelime her türlü "izm" de olduğu gibi "bu budur" kavram ve olgusunu içerip "dogma" yarattığı ve sürdürmeyi amaçladığı için, en başından sembolik ilminin özüne ve üzerinde kalıp varmak istediği hedefe doğru yürümeye aykırıdır. Vahdetlerin idrakini etkileyici ve ayrımcı bir yol oynamaktadır.

"Sembol" Grekçe Sumbolon'dan gelir. Kırılarak (Ya da kırık gözükerek, kırık ya da birbirleri ile uzak, ilgisiz sanılarak) birbirinden uzak gibi duran evrendeki herhangi bir YÜCE YARADAN gerçeği "objenin" (bir GERÇEK şeyin, yani insan aklı ve duygusu ürünü afâki ya da ideal, ülkü gibi sübjektif herhangi bir "kavramın değil," salt gerçek bir şey veya olgunun) hakikatlerimizde tefrik ve idrak edilebilmesi ve irfanına varılabilmesi için iki (ya da daha çok) parçasının birbirine yaklaştırılmasının, ilintilendirilmesinin dinamik işlemini sağlayıcı her türlü "uyarıcı işaretler, nesneler, çizimler vs. bütününe" verilen addır. Özetle evrendeki her şey, ama her şey bir semboldür, sembol olarak kullanılabilme değeri ve özelliği vardır demek doğru olur. Semboliğin gayesi ve işlevinin amacı da her ferdin tek tek Yüce Yaradan'la karşı karşıya kalarak O'ndan emin olmasını, ona îman etmesini sağlamak, inanç düzeyinden tefrik, idrak ve irfan adımlarından geçerek iman'a ulaşması olarak tarif edilir.

"Bugün" o "sembol" ve "sembolik" kelime ve kavramları da ufalmış ufalmış ve güncel lisanda "önemsiz" anlamına gelecek bir şekle bile bürünmüştür bildiğiniz üzere... "Sembolik ücret, sembolik hikâye, sembolik obje "vb. gibi kullandığımız, "hatta anlam ve boyutunun tam tersine "esas değil de sembolik" dediğimiz, zannedip algıladığımız gibi.

Oysa tanımdan da anlaşılacağı üzere, "sembol" bizi gözümüzün önünde kolayca idrak edebileceğimiz "gerçeklere" düşünce hızıyla ulaştırabilecek bir araçtır. Bu algılandığında yararı ve işlevinin muazzamlığı idrak edilebilecektir.

Nitekim "Sym B ol" içindeki "B"yi "V"ye dönüştürdüğümüzde de karşımıza "beraberce uçmak" (Sym V ol) kelimesi kendiliğinden çıkmakta. Bu "uçuş" tabii ki disiplinsiz kuralsız rastgele bir uçuş değildir; ama semboliğin bütüne şamil kurallarının örneklerine geçmeden mucidi ya da o zaten baştan beri var olduğu için ilk idrak edip de kullananlarından biri de ben olduğum için "Etimo-sembolik" aracına neden gerek olduğu konusuna biraz eğilelim.

Toplumlar arasında, hatta aynı ülkenin yöresel toplumları arasında biliyorsunuz ağız ve lehçe farkları vardır. Bunlar daha geniş çaplara ulaştıklarında zaman içinde, bugün birbirlerinden farklı dediğimiz hatta ilintisiz zannettiğimiz lisanlar oluşmuştur. 18. ve 19. yüzyıllarda gelişen milliyetçilik- nasyonalist ırkçılık akımının güncel koşulları altında yapılan Antik Çağ topluluklarının analizinde de ister istemez bunlara, o yeni "millet- kavim- ırk" elbisesi giydirilmiş ve aynı koşullar altında yapılan filoloji yani dilbilim ya da etimoloji yani "isim bilim" = isimoloji çalışmalarında da ister istemez o ayırımcı yaklaşımların bilimsel diye oturtulmuş, kabul edilmiş kriterlerine tâbi tutulmuştur. Öte yandan malum, Antik Çağ yerleşimleri, araştırmacıların kendi ülkelerinde değil, bilhassa bugün Müslüman olmuş ve "güncel lisanda" araştırmacının kendi güncel lisanından çok farklı "sesler çıkaran" dillere sahip yerlerdedirler. Arapça-Farsça- İbranice- Türkçe hatta hatta eski Grekçe ve Latince gibi.

Bu nedenle araştırmacı ve bulgu sahipleri deşifre ettikleri yeni alfabe ve yazılı metinler, kendi "güncel" sesleri ile güncel yazı alfabelerine dökmek zorunda kalmışlar, yerel yeni ve eski lisanları, yazılımları da bilmedikleri, yardımcıları da ya onlara yardım eden, onlara ekonomik olarak tabi, yerel bilim adamları ve/veya da ucuz toprak kazıcı vasıfsız işçiler oldukları için de yöredeki mevcut lisanlarla ilişki araştırılması bugüne kadar kimsenin aklına gelmemiştir. Onlar kayıp kavimler, kayıp dillerdir diye günümüzle göbek bağları koparılıp atılmıştır. Örneğin olasılıklardan biri olarak Sümer ◇ Çamur; Sümer ◇ Samra ◇ Sümer ◇ Esmer anlam ve kavram ilişkileri akla gelmediği gibi, o ülkelerdeki insanlar da bunu," bilim söylüyor," diye körü körüne tefekkürsüz bir inançla, o yeni kelimeyi de alıp kabul etmiştir. Hatti- Het kelimesi ile o kadar boğa heykeline rağmen hûd- hüda ilişkisini kurmayan bir de Eti diye "H"sini düşürerek anlamsız ve bağlantısız bir kelime yaratılıp bunların da yöre halkından başka bir "kavim" zannedilmesi hatasına düşüldüğü gibi...

Tabii yerellerin kimisi de bugün kendisini ya bu topraklara başka yerden gelmiş kavim sanmak nedeniyle, ya da alt ettiği yok ettiği "gâvur" ya da eski "Al Lah'sız medeniyet" nasılsa benden değildir hesabı ve dinî tutuculuğu ile yakın ilgi göstermeye de pek sıcak bakmamıştır. İşte bu nedenler ve daha eklenebilecek pek çoğu dolayısıyla bugün "bilimsel" olarak kitaplarda "yazılı olan" isimlere "anlamları" açısından tekrar eğilmek gerekmekte ve o zaman verilmiş anlamlarla bugün "aynı, yakın ya da zıt" anlamlardaki kavramlara yerel lisanlarda tekabül eden kavram/kelimeleri araştırmak, her kelimeyi ve kendisini oluşturan heceleri birer "sembol" olarak alıp onlarla beraber sembol tanımında bahsettiğimiz zaman ve mekânda fikrî uçuşa geçebilmek, bizleri bugün unuttuğumuz ve çeşitli nedenlerle iplerimizi kendi kendimize kopardığımız, "kendimizi sevmediğimiz" tarihimizle tekrar ilintilendirebilecektir. İlintilendirmektedir de.

Bildiğiniz gibi, her din değişimi, her ihtilâl, her toplumsal ayrışmalara neden olur ve yeni egemen toplum, kendi geçmişini düşman, "kendinden değil" "yabancı vs. addeder. Dolayısıyla geçmişle ilintisini kopardığını, yeni bir oluşum olduğunu zanneder, günlük lisanında, kültüründe, âdetlerinde değişimlere gider vb. Bu "olgu", bildiğimiz kadarıyla No-ah yazılan Nuh dediğimiz için idrak etmediğimiz, oysa günümüz zengin Türkçesinin lisan ve kavramıyla "Nev Ağa" adında da olduğu gibi neticeler vermektedir. Latin kökenle genç "Yunge- Junge" den gelen Yengi ve "Yengeyi Orta Asya'dan gelme Türkçe zannedip değiştirmenin sonucunda Fars etkisini gömüş de bu nedenler ve delillerden biridir. Ama kök kültür ve kök lisan ANA LİSAN her zaman sessiz sakin, ama hem verip hem alarak hem döllenip hem doğurarak yerinde durur. Yeni, hep onun üzerine inşa olur. O artık güncelde görmediğimiz bizizdir, ANA LİSAN'ımızdır. Evet; onu artık güncelde kolayca göremeyiz ama, "sembolleri" ve "etimosemboliği" kullanarak onu tekrar "kendi ışığımıza" kavuşturabilip kendimizi, kendimize hakkımızda uyduruk hikâyeler, masallar üfürmeden tanıyabiliriz. Tanımak => Sevmeyi doğurur. Tanımadığımız bizi korkutur. Korktuğumuzu ise sevebilmek mümkün değildir. Bu sevgi objesi kendi kendimiz olsak bile.

Etimo semboliği güncelde de kullanabileceğimiz güzel bir örnek vermek istiyorum. Herkesin tanıdığı meşhur Cezayir asıllı Fransız Futbolcu Zinedine Zidane'ın Zinedine 'ini ele alalım örneğin... Ad Cezayirli bir Arapça addır. Ama Fransızca yazıldığı için sondaki "n" vurgulu okunsun diye sonuna bir "e" eklenmiştir. Önce onu arkeolojik bir kazı yapar gibi kaldırmak gerekir. Cezayirliler kelimelerin seslerini, sesli harflerini ağızlarının içinde yutarlar. İbrahim'e "Braym" Mevlût'a M'lûd vb. dedikleri ve Fransızca yazmaya uydururken de Braem, Mouloude-Mloude vb. yazdıkları ve içindeki "Velîd ve Veled'i artık göremedikleri gibi... Tabii bunu söylemek için epey farklı ülkelerde epey farklı Arapça lehçelerini duymuş, kulak dolgunluğu edinmiş olmak gerekebilir. İşte "tefrik" edilindiğinde Zinedin'in Zin'inin "Zeyn" = bugünkü Arapça'da "Güzel"- "İyi" demek olduğunu idrak etmeye başlayabiliriz. "Edin" de bizim Sabahattin, Alâattin diye söylediğimiz ama güncel Arapçanın T/D transpozesi yaparak "Ed- Dîn" yazdığı "Dîn-in.... Sabah'ı, Alâ 'sı Âlî'si, Güzeli, İyisi demek olduğunu anlarız.

Bu arada bilgi babından Ortadoğu Araplarının çoğu ve biz bu Ed-Dîn i kullansak bile Mısır ve daha bazı başkaları da El- Dîn'i kullanır. Salâh El Dîn vs. gibi. Bizim Salâhattin Eyyubi dediğimiz onlarda Salâh El Dîn olarak kullanılır. İşte bu El ve Ed seslerinin farkı bizi çok daha derinlere taşıyacak bir "araç" bir sembol olarak kullanılabilecek bir "gerçek"tir. Ta antik çağların Adon- Aton ve İl-LAH-Eloh (im) farklarına ve ayrışmalarının kaynaklarına ve nedenlerinin farkına varmalarına, keşfine ve ayrışmalarının neticelerine de taşıyabilecektir bizi.

Şimdilik daha derinlere dalışı durdurup tekrar Zeyni' e = İyi, Güzel'e dönelim. Bir Antik Sümer Akkad Babil vb. metninde araştırmacı ve akademisyeninin Zu-En yazdığı ve Zu = "görmek" dediği bir metinde olası bir "görülen" ve beğenilen iyi- güzel bulunan bir ilişkisini de fark edebileceğimiz ve o araştırmacının kendi ses kavramlarıyla yazdığı Zu-en in'in bugünkü "Zeyn" ile aynı kelime ağacında olduğu aklımıza gelebilir. Dikkat ederseniz bire bir bağlantılıdır ya da "bu budur" demiyorum.

Bu tür araştırmalarda "bu budur" denemez ve dememek de gerekir. Bu işin kurallarını az sonra göreceğiz. Başka biri Zu En' in içindeki EN'de "Ana" yı görebilir, bir başkası da "Ene = Ben'i."

O dönemlerde Anaerkil toplum ve kalıtımlarının tanrıçalarının hâla hâkim olduğunu bildiğimizde, "Zu-EN ve Zeyn i sembolik karşılıklı iletişimde çalıştırarak, "gökyüzündeki görülen güzel ana", Ana

Tanrıça'nın "Sîne"si ya da sonradan Farsça daki Kadın = Zen e kadar, hatta, Ene'l Hak'la eşit bir kavramdaşlığa varabilecek yönlerde hızlı bir seyahatler serisine çıkmak mümkündür.

Herkes bu seyahati tabii ki kendi "güncel" bilgi birikimi çerçevesinde yapacaktır. Ama her molekülün içinde atomlar nasıl farklı farklı yörüngelerde deviniyor, gezegenler evrende nasıl çarpışmadan irili ufaklı boyutlarda, dar veya geniş yörüngelerde dönüp duruyor ve ömürlerini yaşıyorlarsa, hiçkimse de tek başına bir "evren" olamayacağı için daha başka herkesin buluntularına da kendinde bilgi birikimi yapmak ve "çapını büyütmek", benliğini yüceltmek ya da sadece ve sadece "üstüne düşen görevi bilinçli ve idrakli bir şekilde yapabilmek " için bu idrake ve bilgiye ihtiyaç duyacaktır. Bu nedenle tersinde ben de fazla bir şey bilmiyorum, diye yerinmenin ya da kaçıp saklanmanın bir âlemi olmayacak; tam tersine barışa ve "bizim gibi düşünmeyen" "bizden olmayan" "farklı fikir ve öğretilerle alışverişe girebilmek te gerekecektir. Benlik yücelmesi ve "bütünü," tefrikler zincirleri ile Yüce Yaradan'ın hiçbir zaman idrakte erişilemeyecek muazzamlığına doğru hiç bitmeyecek bir yolda yürümek, böylece mümkün olabilecektir. Görülebileceği gibi "ayrışma" bu yolun düşmanı, sekteye uğratıcısıdır. En azından bu varılan "idrakle" evrensel dinamizmin gereği olan ayrışıp tekrar birleşme "yeni bebek insan yaratımında" da yaptığımız gibi "sevgiyle" ve bilinçle kavga gürültüye ve kırıcılığa mahal vermeden yaşanabilir.

Bilimle ezoterik yolun ve sembolğin kullanımının en temel farkı da buradadır zaten. Bilim öğretiyor, bildiriyor, Ezoterik yolda yürüyüş ise "tanıtıyor yol gösteriyor" diyebiliriz. Hatta yeni yeni yollar, ufuklar açıyor diyebiliriz. Ezoterik yolda olmayan bir bilim ve bilim adamı olur; ama bilim altyapısız ezoterik yolda yürünmez. Bilimse malum bugün artık o kadar zengin ve dallı budaklı ki, işte o yüzden ezoterik yolda herbirimiz "yalnız" "kendi yolumuzda yürümek için başkaları ile "beraber" olmak, "beraber" çalışmak zorundayız. Tefrik- İdrak- İrfan dan geçen, İnanç'tan İman'a geçiren yolda yürümek anca o beraberlikte mümkün olabilecektir. Dövüşmek ya da kişilik yarıştırmakta değil, paylaşmakta ve hep beraber büyümekte mümkün olabilecektir

Evet bu girizgâhtan sonra semboliğin ve dolayısıyla etimosemboliğin kurallarını şöyle sıralayabiliriz:

Hint Avrupai lisanlardaki harf/ses değişimleri için bilimsel olarak tespit edilmiş Grimm Kanunu diye bir şey var... Ne var ki bu meşhur Grimm kardeşler, kendi zamanlarında daha önce bahsettiğim ulusçu ve ırkçı gözlüklerle sadece o filolojik lisan grubunu ilintilendirerek yapmışlar. Oysa tesbitlerime göre her üç dil grubu da birbirler ile ilintili. Yani bu kanun tüm lisanlara da teşmil edilebilir, onlarla da bütünleştirilebilir. Hem kendi içlerinde hem de birbirleri arasında.

http://en.wikipedia.org/wiki/Grimm's_law

Google da arama bölümüne Grimm law yazarsanız daha başka örneklerle dolu sayfalar da bulabilirsiniz.)

Türkçe, daha çok yakın bir tarihe kadar yeryüzünde, Hint Avrupai- Semitik- Ural Altay'cı diye filologlarca ayrıştırılan ve kabul gören üç ana dil grubunu da birden kullanan yegâne lisan olduğu için, bana ve tespitlerime göre, bu yukarda bahsettiğimiz ANA LİSAN...

Şu anda bilebildiğimiz en eski kaynağı da Orta Hattia = bugün Çatalhöyük dediğimiz yer ve yöresi Yani Orta Anadolu. Bu nedenle benim ilk önce yaptığım, bu kanunu bütün gruplara yayarak, uygulamak oldu.

Zaten ilk çağlardan beri ideogramik denilen ve şekillere ve onların türevlerine dayalı lisan ve yazılar sesli harf içermiyor. Sesliler yöre ve ağızlara göre değişiyor. Kelimenin anlamı aynı kalıyor. Zamanla, yazı yerleştikten çok sonra, bu sesliler doğru okunsun diye harflerin altında veya üstündeki "noktalama" işaretleri başlıyor. Ama bu noktalama işaretleri ile yazanlara "acem" = "cem yapmasını toplamasını becerip de farklara, cümleyi yazılan konunun içeriğine göre düşünüp idrak edip de seslilerini ona göre okuyup yazamayan," deniyor. Bugün o acemler de büyük bir çoğunluk tarafından bir "ırk- millet- ulus "olarak zannediliyor bildiğiniz gibi...

Sessizlerin bileşkeleri de zaten bizim güncel lisanlarımızdaki "tek kelime tek anlam" arayışı ve ihtiyaç duyması alışkanlıklarımız tersine "aralarında karşılıklı ilintili ve ilişkili" pek çok farklı kelime yaratabiliyor. Bu karşılıklı ilintilerin, iletişimlerin ve ilişkilerin "sembollerde" tespit edilmesine sembolik ilmi denmiş. Farkların derinliğine derece derece varmaya da ezoterik yol süreci, ezoterik dereceler deniyor. Buna İslâmi literatürde de "meallendirme" deniliyor. <u>Ben de bunu etimolojiye uygulayıp etimosembolik diyorum.</u>

Sessiz harfler bileşkelerinin en güzel örneklerinden biri HRM harfleridir. Bu üçünden> ve de h/k/g/q/j/y değişimlerinden Hermes- Harem- Hürmüz- Hiram- Ehram- İhram- İkram- Kerim- gram- yerim- yârim- yarım vs. pek çok sınırsız ve daha pek çok farklı lisanda da "evren kadar zengin- sonsuz "sayıda kelime türetebilirsiniz... Buna harflerin yerlerini değiştirerek elde edebilecekleriniz de dahil olacaktır. Harem- Ehram- İhram- Rahim vs. gibi. Kelimelerin arasındaki kavram/tanım ilişkisini kurduğumuzda, evrenin gerçekleri, idrak sürecimizde artış sağlayarak, idrakimizde disipline olacak ve bu yolda atılacak her adım, her seferinde yere daha sağlam basmamızı sağlayacaktır."

Bu tabii bir günde olacak iş değil. Adım adım, derece derece "rahatlık kazanılması" ve uygulamada "meleke kesbedilmesi" ile gerçekleşen bir süreç.

Bakın:

- Meleke kesbetmekle o meleke kesbedilince, "Malik" olunacak,

- Dolayısıyla da elde ettiğimiz ile kendimizde "Melik", hâkim, hükümran olacak,

- Ama, "Dana- Diana Ana'sının çocuğu olarak Malak olmaya devam edip,

- Milk = süt de içecek ve de,

- Bir "melek" olarak tasvir edilecek bir çocuk imajının ve sembolünün dinamik ve her daim çap büyüterek açılmasını da sürdürebilecek olan bir sembolik idrak dairesini rahatlıkla çizebiliriz. Oysa güncel lisandaki egzoter bilimsel yaklaşım, bunların herbirini farklı şeyler ve ilintisiz olarak algılama, "biliyorum" zannetmenin ve demek ihtiyacının statik, yani "durağan" düzeyinde kalıp yaşayıp gitmiyor mu?

Hayal gücü tabii ki olacak, ama o yüzden, ayakları hepten yerden kesmemek için sembolik ilmini devreye sokuyoruz... Onun kuralları çerçevesi de zaten bizim- benim de kendimi kontrol etme ve sağlamamızı yapma aracımız oluyor.

1- Hiçbir şey tek başına bir sembol değildir.

Dolayısıyla da ya iki ya da daha çok kelimeden hareket etmek gerekir ya da bir kelimeyi meydana getiren en az iki ya da daha çok heceden yola çıkmak gerekir. Tek bir şey alegori olabilir. İşaret olabilir, amblem olabilir, alâmet-i farika olabilir, simge olabilir ama ezoterik sembolik çerçevesinde "sembol" olarak adlandırılamaz.

Çoğu kimsenin "bugün" zannettiği ve de zannetmek istediği gibi simge, = sembol'ün Türkçesi falan değildir, içerik ve işlev olarak da olamaz da. TDK ne yazık ki sembol karşılığını kavram/kelime olarak bulamamış, "milliyetçi" saiklerle anlamsız, bugünkü pek çok kelimede olduğu gibi içeriksiz "irfan" sağlamayan güncel "simge"yi uydurup ve tutturup geçip gitmiştir. Silindir gibi pek çok aydınlanma kapısını da kapatıp ezip yok ederek... Simge olsa olsa amblem ve veya alamet-i fârikanın karşılığı olabilir. Terazi adaletin simgesi, amblemi, alegorisi, olabilir ama sembolü değildir. Tıpkı boğanın kuvvetin, aslanın asaletin vb. sembolü değil, alegorisi veya amblemi veya simgesi olduğu gibi.

Ama boğa ve oğlu bizi Oziris ve Horus'a taşıyabilen bir semboldür. Ya da Boğaç'la Oğuz Han ve Osiris'in Mısırcası Oğuz Ra diye okunabilen "Ouser" sesleri arasında sembolik vasıtasıyla ilişki kurabiliriz. Oğuzdan da gene boğa ile kavramdaş "öküz"e ve güncel bilimde akraba sayılmayan Türkçe ve İngilizce arasındaki evrensel akrabalık ilişkisini gene aynı anlam ve okunuş "ses" indeki, yazılımı farklı OX kelimesiyle de keşif yolunda bir aydınlık da yakalamış olabiliriz. Aynı şekilde hiçbir sembol bileşkesinin de tek ve mutlak bir anlamı olamaz.

Sembolik lisanın ya da diğer adıyla "kutsal lisanın" güncel lisanla en büyük farkından biri de buradadır. Aynı Kur'an-ı Kerîm'in de surelerindeki ifadelerin "tek bir anlamı" olmadığı, olamayacağı, o yüzden de pek çok farklı mealleri yapıldığı ve insanların idrak seviyeleri arttıkç daha da yapılınabileceği gibi. Güncel lisan ve bilim "mutlakiyet", kesin somut tanımlar oluşturmak peşinde koşar ve dolayısıyla ufkunu daraltır. Pır pır eder ama uçamaz. Oysa sembollerle, değil ayakları kanatlı Hermes'i, tekerlemedeki kaynanamızı 'Ana Tanrıçamız, kanatlı koca popolu İshtar'ı" bile uçurabilmek, ufkumuzu genişletmek ve evren boyutuna, bir diğer açılımla Mirac'ın merdivenlerini çıkmaya başlamak mümkündür. Ezoterik inisiyatik, tefrik, idrak ve irfan'dan geçip iman'a yürüyen yol da zaten başka bir şey değildir. Hz. Yakub'un merdiveninde, Hz. Muhammed'in "at" la simgeleştirilmiş Burak = zikzak- merdiven basamaklı çoğulu "Barika" olan şimşeği vb. lerinde tefrik ettiğimiz gibi.

2- Karşılıklı ilinti- iletişim yasası: Tekten Çok'a

Aynı sembol gruplarının = "sentem"lerin = (kavramdaş ideogram / sembol bütünlerinin) birçok anlamı olabilir. Bir sembolik model, aralarında sürekli bir ilinti ve ilişki olan pek çok süreci ifade edebilir. Yani aynı sembolik belirtene, birçok belirtilen uygun düşer.

Örneğin;

<u>Güneş</u>	<u>Ay</u>
Gündüz	Gece
Işık	Karanlık

Vermek	Almak
Baba/ Ana	Çocuk
Çocuk	Baba/Ana
Öğretmek	Öğrenmek
Doğurtmak	Doğurmak
Erkek	Kadın
Kadın	Erkek
İnsan	Diğer insanlar
Diğer İnsanlar	İnsan

Gördüğümüz gibi güneşin altındakiler de birbirleriyle kavramdaş ilinti ve ilişkiler içindeler, Ay'ın altındakiler de... Bunlara daha pek çok şey daha eklenebilir. Dolayısıyla herhangi bir "sembol" ve karşılıklı ilintilerinden bahsederken, bulunan her bir açılımın da öteki bulunmuşlarla, geleneğin öğreti ve aktarımlarıyla bir karşılıklı ilintisinin olup olmadığı muhakkak kontrol edilmelidir.

3- Karşılıklı Bağlantı (Korelasyon) yasası: Çoktan Tek'e

Tek bir şey birçok sembolik belirtenle ifade edilebilir: Bu kural İkincinin tam zıttıdır.

- Bir dairenin içindeki kare

- Bir karenin içindeki daire

- Bir karenin içindeki tek merkez bir nokta

- Bir + işaretinin ortasındaki tek bir belirgin nokta

- Tavla zarındaki 5 biçimi

- Gönye ve Pergel

- 4 + 1

- 41 kere Maş'Allah

Ve akıllara gelebilecek daha pek çok ikili veya daha çoklu sembol bileşkeleri...

Bizi evrendeki dünyayı ya da dünyadaki evreni idrak etmeye, onun yanısıra insanı ve evreni, aralarındaki ilişkiyi idrake yönlendirir. Bu ikisinden hareketle, gene birinci yasa mucibince sınırsız, daha başka ama aralarında karşılıklı ilintiler bulunan kavram ve belirtilenlere ulaşılabilir... İşte bu olgu, sayısız insan ve düşünce kapasitesinin barış içindeki beraberliğinin ne denli gerekli olduğu sonucunu da doğurur... Çeşitli ferdî ya da milletlerarası kişilik yarıştırmaktansa yapacak ve paylaşacak, "güncel lisan ve ona dayalı statükocu bilimlerin ve de yerleşmiş inançların" sınırladıkları keşfedilecek, idrak edilecek çok şey, çok maddi ve manevî zenginlik vardır dâhi diyebiliriz....

• **Sembolikteki Dördüncü Yasa "Evrensellik"tir.**

Bir sembol, ya da diğer adıyla, "sentemler = ortak temalar, kavramlar bütünü":

a) Uzak ve eski bir geçmişe sahip olmalı, günümüzde hatta gelecekte de geçerli olabilmeli,

b) Günümüzde de dünyanın her yerinde birbirleri ile alâkasız gibi gözüken toplumlarda dâhi bulunmalı, incelenebilmeli,

c) Bizleri zamanda ve mekânda "6 yönde" "bilgimiz = kesemiz" oranında sınırsız seyahatlere çıkarabilmelidir.

İşte "güncel" lisanın ve koşullarının gerektirdiği ve getirdiği sınırlamalara ve haklı endişelere karşın "kutsal" lisanı kullanmaya başladığımız ve tecrübe kazanma yolunda yürüdüğümüzde ve analizlerimizi bu belirtilen yasalara uygunluk açısından sürekli denedikten sonra beyan ettiğimizde, sanırım sorunlar, endişeler de ortadan kalkacaktır.

6 yön = Kuzey- Güney- Doğu- Batı- Zenith (yukarısı) Nadir (aşağısı) olarak tarif edilir

Kısaca... Evrende her "gerçek" bileşkesi, sembol olarak kullanılarak sınırsız seyahatlere çıkılabilir... Dolayısıyla her "bilim" ve ögeleri bu seyahatte binilecek araç olarak kullanılabilir. Bu yüzden, "etimoloji ya da herhangi bir bilim kurallarından" değil, ama "etimosembolik – bilimo-sembolik "bulgularından, araçlarından, "uçaklarından" bahsetmemiz mümkün... Tabii "güncel dilin" kurallarından sıyrılarak ama onları da onların üstünde yükselerek alet-edevat, hammadde veya yarı mamul gibi kullanarak...

EK 2

BİLMEK - TANIMAK

İLİM - İRFAN

BİLGİN - ARİF

KAVRAMLARI AYNI ŞEYLER DEĞİLDİR

Bilmek Ve Tanımak Farklı Kavramlardır

Bu yazıda; pek çok kimseyi zaman içinde doğal ve haklı nedenlerden dolayı, bilhassa ezoterik disiplinlerde kullanımlarında yanılgıya ya da hataya düşüren iki kavramı sizlere açmak istiyorum.

"Kendini bilmek" ya da "Kendini tanımak"

Gelin aralarındaki farkı bir tefrik etme çalışması yapalım.

Bu sözcüklerin kaynağının Ege'deki, kâhini ile meşhur Delfoi Adası Apollon Mabeti'nin alınlık yazısı olduğu bilinmektedir. Burada yazan Gnosti Se Auton'un tam ve doğru tercümesi

"EY İNSAN KENDİNİ KENDİN TANI"

Ya da

"EY İNSAN KENDİ KENDİNİ TANI" şeklindedir.

Ne var ki bu sözcükler çevrilirken, gerek "Bilmek" ve "Tanımak" kavramları için İngilizcede sadece *"know"* sözcüğünü yaygın olarak kullanmanın getirdiği kısıtlama, gerekse Fransızcadan çevrilirken tam karşıtı "Tanıma" olan "*connaître*" sözcüğünün, öyle sanıyorum gereken özen gösterilmeden çevrilmesi sonucu, "bilmek" sözcüğünün kullanılması yaygın hale gelmiş, ama kavram olarak sıkışıldığında bazı yerlerde "tanımak" mecburen kendini kabul ettirmiştir. Bu yazıdan amaç, son derece doğal nedenlerle her an hepimizin düşebileceği bu yanılma olgusuna dikkatimizi çekmektir.

Nedir "bilmek" ve "tanımak" arasındaki fark?

Bilmek, hafızaya kaydetmek demektir. Tanımak ise o "bilinen" "şeyle" özdeşmek, kendinde o "şeyle" beraber yediğimiz ekmek vücudumuzla nasıl bütünleşiyorsa, öyle bütünleşmek demektir. Bilimin eski Türkçesi "ilim" sözcüğüdür. Söz konusu "tanımaya" ise, eski Türkçede "irfan" deniyordu. İrfan sahibi kişilere ise "arif." Bugün maalesef bu sözcüklerin karşılığı yok. "Maarif"i "eğitim" yaptık, ama irfan ve arif kadük kaldı ve maalesef "bilmek" kavramı ile özdeşerek gözlemlerime göre kısırlaştılar. Bunun neticesinin sosyo-psikolojik olarak, tüm toplum düzeyine yansıdığını düşünmeden edemiyorum.

"Bilmek" ve "tanımak" arasındaki farka bir açıklama daha getirmek istiyorum. "Bilgi" geneldir; "tanıma" ise müşahhas yani kişiye özel. Bir doktor, tüm insan vücudunu ve ilmi neticesinde bütün hastalıkları kitaben ne kadar bilirse bilsin, bir tek hasta için özel bir teşhis, yani günümüz Türkçesi ile "tanı" koymak zorundadır "bili" değil... O tanı o hastaya ve bünyesine aittir, ona has bir gelişme gösterecektir ve doktorun genel bilgisi o "tek" tanıyı koymaya yarayacaktır. Doktor o aşamada sahip olduğu bilgiye dayanarak irfanını ortaya koyan arif kişi olmaktadır. Bu alanda Türkçede teşhis (o şahsa ait) ve tanı sözcüklerini zaten kullandığımız için "doktor hastalığı bildi" ifadesinin doğru gibi gözükse de içeriğinin ne kadar zayıf olduğunu söyleyebiliriz. Bu tanı işine tıp lisanında "diagnoz", işlemine de "diyagnostik" deniyor. Dikkat ederseniz bu kelimenin içinde iki kelime var:

- Birincisi ışık demek olan Arapçası "ziya", Grekçesi "dia" sözcüğü

- İkincisi ise, çeşitli lugatlara bakarak öğrenebileceğimiz, "gnoz" yani gizli, özdeşilecek irfan. Tıpkı Delf Tapınağı'ndaki yazan kelimede de gördüğümüz gibi,

Demek ki tanımak yani diagnoz; gizli olanı ışığa çıkarmak anlamına geliyor. Nura kavuşturmak ya da dış yüzeyi, çamurları vs. yontarak bir madenin içindeki cevheri meydana çıkarmak gibi. Oysa bilmenin böyle bir işlevi yok. Bilmek statik, tanımaksa dinamik.

Fransızca'da "tanıma" diye çevirdiğimiz sözcük *Connaître*. Bu da mürekkep bir kelime. Açılımı, "beraber doğma "anlamına geliyor. Bu "beraber doğma" ifadesi ve öz anlamı gerek tefekkür esnasında konunun derinliklerine inişimizin ertesinde, gerekse diğer sembolik, karşılıklı ilintideki yaklaşımlarla mezara, mağaraya, taş ocağına ya da mahzenlere inişlerimizden sonra hep yaptığımız gibi, kendi karanlıklarımız içinde Eski Mısır'da batan "ölen" güneşin "gece yarısında" görüp idrak ettiği, kendi karanlıkları içindeki ışığıyla sabah tekrar beraber doğumunu çok güzel açıklamıyor mu?

Ezoterik, batınî ekollerin tümü, pek çok tasavvuf tarikatı da artık sadece şekil uygulamasına dönüşerek özleri ve amaçları unutulmuş olsa da tören uygulama yöntemleriyle genel olarak inisiyasyon, yola yürütmeye başlatma denilen tekniklerle kişiyi kendi karanlığından kendi aydınlığına çıkarmayı hedefler. Ne var ki kişi bunu kendi başına başarmak zorundadır.

Rehber ne kadar büyük ve güçlü olursa olsun, müridi- çırağı yerine inisiyatik yolda adım atamaz. Zira çırak, irfanın inisiyatik yolu demek olan irfan yolunun her etabını kendinde yaşamalı, denemeli ve hissetmelidir. Bu nedenle bir bilgiyi "tanıyabilecek" düzeyde olgunlaşmadıkça, çırak hiçbir zaman hiçbir şey "bilmeyecektir" de. Bu "farkına" varma da adım adım, etap etap gerçekleşecek bir süreç olacaktır.

Hangi din ya da inanış biçiminde olursa olsun, "mabet" en kısa ve öz tanımıyla "Tanrının Evi'dir", insan vücudu da "Tanrının Evi'dir."

İşte bu nedenle Delf Tapınağı'nın girişinde yazıyla "Gnosti se auton" "Ey insan kendi kendini tanı," denmiştir. Kendini tanıyanın böylece inancın ötesinde Yüce Yaradan'ı tanıma yoluna adım atmayı becerebileceği; böylece de gerçek inisiye olma yoluna gireceği düşünülmektedir.

İrfan, bilgelikle dolu küre biçiminde saf kristal bir vazoya benzetilebilir. Tüm evren bu mercekte yansır ve bir huzmede toplanmış olarak resimler halinde çeşitli duvarlara yansır. İşte her mabette duvarların, sütunların, bölümlerin ve diğer ögelerin dizilişi ve yönlenişi, düşüncemizi bu resimlerin okunmasına yöneltmek için Eski Mısır'dan, hatta ilk örneklerini kronolojik sırayla Urfa Göbeklitepe, Diyarbakır Çayönü ve Konya Çatalhöyük'ten beri gördüğümüz gibi katkıda bulunurlar. Gerçek inisiyatik eğitim bir bilgi depolanması değildir. Birbirini takip eden etaplar gerektiren bir şuur (bilinç) uyandırmasıdır. Her etap bir sonraki kapının anahtarını keşfetmeye dayanır.

İrfanın, tanımak, tanınmak istenen "şeyle" özdeşmek olduğunu söyledik. Oysa önyargılar, inançlar, çeşitli sosyal aidiyet duyguları kişi ile bu "şey" arasına bir perde gibi girer ve "arayanın" algılamaya başladığı şey bu perde tarafından deforme edilir. Böylece kendini ön plana çıkarmak isteyen hırslı hatta hınçlı bir zekâ, doğal deliller karşısında körleşir, salt kritiğe yönelik bir mantık, naif içgüdüye ve tanımaktan doğacak olan doğal gelişen sevgiye kapıları kapatır. Oysa naif içgüdüyü geliştirmek inisiyatik biçimlendirmenin temel nesnelerinden biridir. En son örneğini Jedi Şövalyeleri'nde de gördüğümüz gibi… Bu şekilde kısırlaşan bu faziletler ölümcül dengeleri içinde, taş gibi donup kalmış olarak varlıklarını sürdürürler. Kişi "inanç" düzeyinde kalır, "iman" düzeyine geçemez.

A. Ümit İriş,
umiti49@gmail.com

KAYNAKÇA

* KUR'AN- I KERİM VE YÜCE MEALİ, Abdullah Aydın, Aydın Yayınevi.

* KUR'AN- I KERİM VE YÜCE MEALİ, Elmalılı Hamdi Tefsiri,

* THE MEANING OF THE GLORIOUS QUR'AN, Translation by Muhammad Marmaduke Pickthall, Islamic Call Society, S.P.L.A.J.

* KUR'AN -I KERîM'İN MEALEN MANZUM AÇIKLAMASI, A. Adnan Sütmen, Üçdal Neşriyat.

* HOLY BIBLE, OLD AND NEW TESTAMENT, International Bible Society.

* TRADUCTION ŒCUMENIQUE DE LA BIBLE, Alliance Biblique Universelle- Le Cerf.

* KİTAB-I MUKADDES, TEVRAT VE İNCİL, Kitab-ı Mukaddes Şirketi.

* NEW LAROUSSE ENCYCLOPEDIA OF MYTHOLOGY, Hamlyn Publishing 1986 21. Baskı.

* THE WHITE GODDESS, ROBERT GRAVES, Faber.

* ALTIN DAL "THE GOLDEN BOUGH ", DİNİN VE FOLKLORUN KÖKLERİ, JAMES G. FRAZER, Mehmet H. Doğan, Payel.

* L'ART DE L'ANCIENNE EGYPTE, Kazimierz Michalowski,

Editions Mazenod Serie L'ART ET LES GRANDES CIVILISATIONS.

* THE EGYPTIAN BOOK OF THE DEAD- THE PAPYRUS OF ANI, Transliteration and Translation, E. A. Wallis Budge, Dover Publications Inc. New York U.S.A. 1967.

* WITCHCRAFT, Eric Maple, Octopus Books London 1973, Sayın S. Halit Kakınça Teşekkürlerimle.

* OSMANLICA- TÜRKÇE ANSİKLOPEDİK LUGAT, Ferit Devellioğlu, Aydın Kitabevi.

* ANADOLU UYGARLIKLARI, Ord. Prof. Dr. Ekrem Akurgal, NET.

* L'ART ANTIQUE DU PROCHE ORIENT, Pierre Amiet, Mazenod.

* PREHISTOIRE DE L'ART OCCIDENTAL, A. Leroi- Gourhan, Mazenod.

* THE ANATOLIAN CIVILISATIONS, Turkish Ministry Of Culture And Tourism.

* HITIT SARAYINDAKI ENTRIKALAR HAKKINDA, BIR FAL METNI (KUB XXII = Bo 2011), Ahmet Ünal, A.Ü. D.T.C.F. No. 343.

* İLİADA- İLİAS DESTANI, HOMEROS, Ahmet Cevat Emre, Varlık Yayınları.

* İLYADA, HOMEROS, Azra Erhat- A. Kadir, Can Yayınları.

* ODYSSEIA, HOMEROS, Azra Erhat- A. Kadir, Can Yayınları.

* MİTOLOJİ SÖZLÜĞÜ, Azra Erhat, Remzi Kitabevi.

* LA TURQUIE EN EUROPE, Turgut Özal, Plon, (Saygı ve Teşekkürlerimle)

* HERODOT TARİHİ, HERODOTOS, Müntekim Ökmen- Azra Erhat, Remzi Kitabevi.

* HESIODOS (THEOGONIA- İŞLER VE GÜNLER), ESERİ VE KAYNAKLARI, Çev. Azra Erhat- Sabahattin Eyüboğlu.

* HALİKARNAS BALIKÇISI- CEVAT ŞAKİR KABAAĞAÇLI'nın eserleri, ANADOLU TANRILARI- ANADOLU EFSANELERİ- MERHABA ANADOLU- HEY KOCA YURT- ANADOLU'NUN SESİ- DÜŞÜN YAZILARI- SONSUZLUK SESSİZ BÜYÜR ALTINCI KIT›A AKDENİZ, Bilgi Yayınevi.

* İSMET ZEKİ EYÜBOĞLU'nun eserleri, TÜRK DİLİNİN ETİMOLOJİ SÖZLÜĞÜ- TÜRKÇE KÖKLER SÖZLÜĞÜ- ANADOLU MİTOLOJİSİ, EFSANELERİ- HALK İLAÇLARI- ALEVİ›LİK, SÜNNİ›LİK, İSLAM DÜŞÜNCESİ- BEKTAŞİ'LİK- ANADOLU BÜYÜLERİ- SEVGİ BÜYÜLERİ- TASAVVUF TARIKATLAR MEZHEPLER TARİHİ- TANRI YARATAN TOPRAK ANADOLU, Der- Remzi- Sosyal- Geçit yayınları.

* BİLGE UMAR'ın eserleri, LYDIA- PHRYGIA- MYSIA- TROAS- TRAKYA- BITHYNIA- AIOLIS, Tarih ve Toplum Dergileri, Akbank Kültür Yayınları.

* LES ETRUSQUES ETAIENT DES TURCS, (PREUVES), Adile

Ayda, Ayyıldız.

* DICTIONNAIRE DE MYTHOLOGIE CELTE, Jean- Paul Persigout, GNOSE Editions du Rocher.

* COĞRAFYA, STRABON.

* KAINATIN SIRLARI (DE NATURA RE'RUM), LUCRETIUS, Hürriyet.

* PLATON- EFLATUN, 1. ALKIBIADES- 2. ALKIBIADES- SOKRATES'IN SAVUNMASI- ION- KÜÇÜK HIPPIAS- MINOS- THEAGES- RAKİPLER- LYSIS- LAKHES- KHARMIDES- PROTAGORAS- KRITON- HIPPARKHOS- KLEITOPHON- GORGIAS- BÜYÜK HIPPIAS- DEVLET- YASALAR, Hürriyet, Ara yayıncılık.

* ORHAN HANÇERLİOĞLU: Remzi Kitabevi, DÜŞÜNCE TARİHİ- FELSEFE- İSLAM İNANÇLARI- TOPLUMBİLİM - RUHBİLİM- EKONOMİ SÖZLÜKLERİ.

* TANRILAR MEZARLAR VE BİLGİNLER, C.W. Ceram (Marec), Remzi Kitabevi.

* TANRILARIN VATANI ANADOLU, C.W. Ceram, Remzi Kitabevi.

* ANADOLU SELÇUKLU MİMARİ SÜSLEMESİ VE EL SANATLARI, Prof. Dr. Gönül Öney, T. İş Bankası.

* HİSTORICAL TURKISH CARPETS, Şerare Yetkin, T. İş Bankası.

* TURKISH HANDWOVEN CARPETS- KİLİM, CATALOGUES, T.C. Kültür ve Turizm Bakanlığı.

* ONBİN TÜRK MOTİFİ ANSİKLOPEDİSİ, Gözen Kitabevi.

* KENDİ MEKANININ ARAYIŞI İÇİNDE TÜRK EVİ, Prof. Önder Küçükerman, TTOK.

* SERPUŞLAR, İzzet Kumbaracılar, TTOK.

* SEVGİNİN VE ŞİDDETİN KAYNAĞI, Erich Fromm, Payel.